MARCO POLO

KRAKAU

Reisen mit Insider Tipps

W0417921

Ich finde, die Stadt ist schlic
– nicht zu groß und nicht zu
Es ist keine Metropole, aber
immer etwas los, nicht zulet
der vielen Studenten. Außerdem ist
Krakau wunderschön!

MARCO POLO Autorin
Joanna Tumielewicz

(siehe S. 122)

Das passt:
Der MARCO POLO Sprachführer Polnisch

Weitere MARCO POLO Titel:
Polen, Masurische Seen, Polnische Ostseeküste, Danzig, Warschau, Riesengebirge

Spezielle News, Lesermeinungen und Angebote zu Krakau:
www.marcopolo.de/krakau

KRAKAU

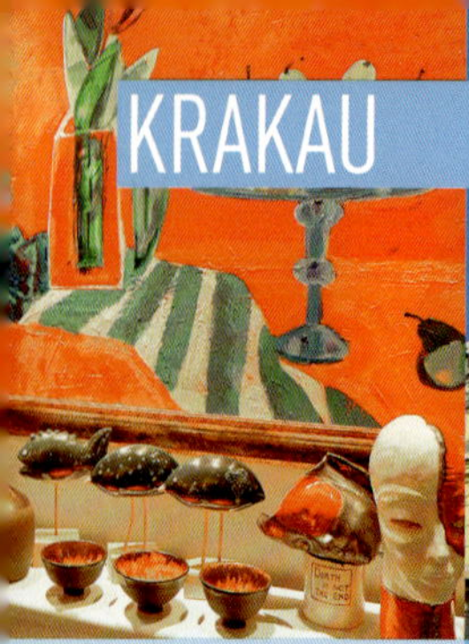

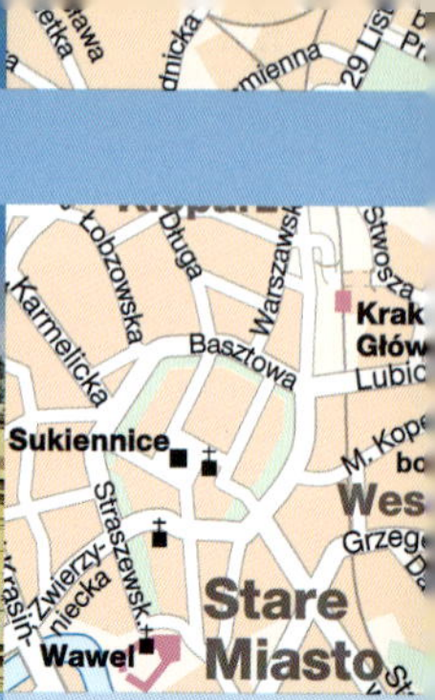

> SYMBOLE

Insider Tipp MARCO POLO INSIDER-TIPPS
Von unserer Autorin für Sie entdeckt

★ MARCO POLO HIGHLIGHTS
Alles, was Sie in Krakau kennen sollten

SCHÖNE AUSSICHT

WLAN-HOTSPOT

HIER TRIFFT SICH DIE SZENE

> PREISKATEGORIEN

HOTELS

€€€ über 130 Euro
€€ 60–130 Euro
€ unter 60 Euro

Die Preise gelten für ein Doppelzimmer pro Nacht mit Frühstück

RESTAURANTS

€€€ über 18 Euro
€€ 10–18 Euro
€ unter 10 Euro

Die Preise gelten für ein dreigängiges Menü ohne Getränke.

> KARTEN

[106 A1] Seitenzahlen und Koordinaten für den Cityatlas Krakau und die Übersichtskarte Krakau mit Umland auf S. 114/115

[0] außerhalb des Kartenausschnitts

Zu Ihrer Orientierung sind auch die Objekte mit Koordinaten versehen, die nicht im Cityatlas eingetragen sind. Ein Plan für öffentliche Verkehrsmittel befindet sich im hinteren Umschlag.

INHALT

> SZENE

S. 12–15: Trends, Entdeckungen, Hotspots! Was wann wo in Krakau los ist, verrät der MARCO POLO Szeneautor vor Ort

> 24 STUNDEN

S. 88/89: Action pur und einmalige Erlebnisse in 24 Stunden! MARCO POLO hat für Sie einen außergewöhnlichen Tag in Krakau zusammengestellt

> LOW BUDGET

Viel erleben für wenig Geld! Wo Sie zu kleinen Preisen etwas Besonderes genießen und tolle Schnäppchen machen können:

Konzerte in der Kirche – kostenlos! S. 29 | Suppen, Salate und andere Kleinigkeiten zu akademisch fairen Preisen S. 53 | Gut angezogen: junge Mode mit bis zu 70 Prozent Rabatt S. 63 | Die Happy Hour macht auch in Krakau glücklich S. 69 | Günstig gute Schlafplätze übers Internet S. 78

> GUT ZU WISSEN

Bücher & Filme S. 32 | Krakauer Künstlerduo S. 43 | Gourmettempel S. 54 | Spezialitäten S. 56 | Entspannen & Genießen S. 69 | Luxushotels S. 76 | www.marcopolo.de S. 94 | Blogs & Podcasts S. 96 | Was kostet wie viel? S. 97 | Währungsrechner S. 98 | Wetter in Krakau S. 98

AUF DEM TITEL

Da Vincis „Dame mit Hermelin" S. 29

In-Viertel Kazimierz S. 38

ENTDECKEN SIE KRAKAU!

Unsere Top 15 führen Sie an die interessantesten Orte und zu den wichtigsten Sehenswürdigkeiten

Die Highlights sind in der Karte auf dem hinteren Umschlag eingetragen

1 Festiwal Kultury Żydowskiej (Festival der jüdischen Kultur)
Für ein paar Tage steht die jüdische Welt im Mittelpunkt – mit den besten nationalen Musikern und Künstlern (Seite 21)

2 Collegium Maius
Ein akademisches Juwel: eine der ältesten Universitäten der Welt (Seite 26)

3 Kościół Franciszkanów (Franziskanerkirche)
Die einzige Jugendstilkirche der Stadt dürfen Sie nicht verpassen (Seite 26)

4 Kościół Mariacki (Marienkirche)
Ein Beweis für den Reichtum der mittelalterlichen Stadt – nicht nur wegen des Ehrfurcht gebietenden Hauptaltars von Meisterschnitzer Veit Stoß (Seite 27)

5 Muzeum Czartoryskich (Czartoryski-Museum)
Wer ist schon die Mona Lisa? Hier ist Leonardo da Vincis „Dame mit dem Hermelin" zu Hause! (Seite 29)

6 Rynek główny (Marktplatz)
Wo das Herz der Stadt pulsiert: Der größte gotische Marktplatz Europas präsentiert sich in vollem Prunk (Seite 30)

7 Sukiennice (Tuchhallen und Gemäldegalerie)
Die wunderschönen Renaissancefassaden krönen die Schönheit des Krakauer Marktplatzes (Seite 30)

8 Ulica Kanonicza (Kanonicza-Straße)
Die älteste Straße der Stadt mit den Prachtpalästen des Klerus (Seite 34)

> DIE BESTEN MARCO POLO HIGHLIGHTS

9 Zamek królewski (Königliches Schloss)
Das schönste Renaissanceschloss des Landes mit seiner Wandteppichsammlung, wo in Seide gewebte biblische Geschichten lebendig werden (Seite 38)

10 Kościół Bożego Ciała (Fronleichnamskirche)
Roter Ziegelstein und vergoldete Altäre: Die Pfarrkirche von Kazimierz beeindruckt nicht nur durch ihre Kanzel in Form eines Boots (Seite 40)

11 Synagoga Remuh (Remuh-Synagoge)
Wo die größte jüdische Gemeinde Europas lebte: Seit über 400 Jahren bleibt im Tempel und auf dem jüdischen Friedhof die Erinnerung lebendig (Seite 42)

12 Wentzl
Genuss für alle Sinne im 200 Jahre alten Toprestaurant (Seite 54)

13 Wedel
Süßigkeiten von Meisterhand seit 1851. Handgemachte Pralinen oder Trinkschokolade in unzähligen Sorten (Seite 63)

14 Hotel Stary
Perfekte Verbindung zwischen Tradition und modernem Luxus: Bäder aus Marmor, Wäsche aus Seide und dazu ein berauschender Blick von der Dachterrasse über die Altstadt (Seite 76)

15 Auschwitz-Birkenau
Berührend, schockierend und unglaublich wichtig: ein Besuch im ehemaligen Vernichtungslager der Nazis (Seite 92)

Blick von der Marienkirche auf Schloss und Kathedrale

AUFTAKT

Über Krakau liegen besondere Zauber. Einer, der die Metropole jahrhundertelang vor der Zerstörung geschützt hat. Und einer, der das Juwel an der Weichsel zur am häufigsten besuchten Stadt Polens machte. Krakaus besondere Atmosphäre, ein Mix aus Kultur und prallem Leben, aus Historie und Moderne, aus Zukunft und Legenden, lockt Gäste von überall her – und es werden Jahr für Jahr mehr. In Krakau spazieren Sie auf den Spuren von Kopernikus, erleben unzählige Festivals, begeben sich auf Zeitreise inmitten zeitlos schöner Architektur. Oder genießen das Leben in den besten Restaurants, Cafés und Clubs. Krakau – ein Wunder von einer Stadt!

> In Krakaus Gesicht spiegeln sich die Jahrhunderte. Aber von steifer Museumsatmosphäre keine Spur: Die Metropole an der Weichsel steckt voller Energie und fast südländischer Lebhaftigkeit.

Krakau hat ein großes Herz. Genaugenommen ist es eines der größten der Welt: Der Rynek Główny, der Marktplatz im Zentrum der Altstadt, misst 200 mal 200 m, eine Fläche, die allein schon durch ihre Weite inmitten des schachbrettartig angelegten Häusermeers beeindruckt.

> *Die Weite des Marktplatzes in einem Meer schöner Häuser*

Umgeben ist das Herz Krakaus von reiner Schönheit, von Häusern und Gebäuden aller Architekturstile und aus allen Jahrhunderten. Denn die Metropole an der Weichsel hat ihre 1000-jährige Geschichte praktisch unzerstört überstanden, hat ihre Schätze und ihr Erbe ins Heute gerettet. Und ist dabei alles andere als ein Museum: Auf dem Marktplatz konzentriert sich das Leben, hier treffen sich die Krakauer, hier ist das meiste los, bis tief in die Nacht – und tief unter der Erde.

Denn eine ganze Reihe der über 100 Cafés, Restaurants, Bars und Clubs rund um den Rynek Główny, die Krakaus Kreislauf vor allem in warmen Sommernächten auf Hochtouren bringen, liegen in urigen Kellergewölben aus Backstein unter der Straße. Die Lebensadern der Stadt reichen tief: Weil die Weichsel immer wieder für Überschwemmungen sorgte, setzte man im späten 13. Jh. kurzerhand das ganze Zentrum auf ein höheres Niveau. 600 Jahre später, als die Wohnungen knapp wurden, erinnerten sich die Bürger der unterirdischen Straßenzüge, gruben die endlosen Gänge wieder aus, nutzten sie als

Fürstliche Idylle: Der Botanische Garten war zu Beginn ein Schlosspark

Warenlager und Verstecke. Oder zum Vergnügen. Die Krakauer gehen gerne aus, zu jeder Tageszeit sind die Lokale voll. „In Warschau", sagt man „wird gearbeitet, in Krakau gelebt."

Dass die ungeliebte Schwester vor 400 Jahren mit dem Umzug des Königshofs auch die Hauptstadtwürde bekam, hat Krakau nur schwer verwunden. Doch die Stadt kompensierte den Sturz in die relative Bedeutungslosigkeit auf ihre Weise: Sie wurde zur Magischen, zur Bewahrerin von Geschichten und Legenden, zur Mäzenin von Dichtern, Musikern und Malern. Dass Krakau heute als Polens Kulturhauptstadt gilt, liegt also nicht nur an der Pracht ihrer architektonischen Schätze, die dem gesamten Zentrum das Prädikat des Unesco-Weltkulturerbes einbrachten. Es sind auch die – gemessen an der relativ kleinen Einwohnerzahl von rund 750 000 – vielen Theater, Konzertsäle, Galerien und Museen, die diesen Ruf unterstreichen.

> *Kulturhauptstadt und Zentrum jüdischen Lebens*

Dazu eine Jazzszene, die von Kennern nur noch mit der von New York verglichen wird, und jede Menge Künstler von Weltrang wie der Regisseur und Oscarpreisträger Andrzej Wajda, der Musiker Krzysztof Penderecki oder die Literatur-Nobelpreisträgerin Wisława Szymborska. Ganz zu schweigen von der Klezmermusik, der traditionellen jüdischen Volksmusik, die lebendig ist wie eh und je und die Bedeutung Krakaus als ehemaliges Zentrum jüdischen Lebens in Europa unterstreicht. Das jüdische Erbe Krakaus konzentriert sich auf Kazimierz, eine ehemals unabhängige Stadt, die um 1800 eingemeindet wurde. Viele Juden, die 1495 nach Pogromen vom damaligen König aus Krakau ausgesiedelt wurden, fanden hier ihre neue Heimat und machten Kazimierz zu einem bedeutenden Mittelpunkt ihrer Kultur.

Das friedliche Miteinander mit den katholischen Nachbarn endete erst mit der deutschen Besetzung Polens 1939: Nur rund 4000 der 60 000 in Kazimierz lebenden Juden überlebten die nationalsozialistischen Gräuel. Regisseur Steven Spielberg setzte mit seinem Film „Schindlers Liste" dem Leiden der Krakauer Juden – die 1939 25 Prozent der Einwohner stellten – und dem Industriellen Oskar Schindler, der mehr als 1100 Zwangsarbeiter vor der Ermordung rettete, ein Denkmal. Heute hat sich Kazimierz seine ganz eigene Atmosphäre bewahrt, eine, in der die glücklichen Zeiten der Vergangenheit wieder aufleben: Im Juli findet etwa mit dem Fest der jüdischen Kultur das wohl bedeutendste Festival Krakaus in Kazimierz statt. Es ist ein junger und hipper Bezirk, beliebt bei Studenten und Künstlern, angesagt bei Nachtschwärmern und Szenegängern, die in Kneipen und Cafés die Sommernächte durchfeiern und auf Flohmärkten nach Retro-Chic stöbern.

Überhaupt zeichnet sich das jahrhundertealte Krakau durch jugendliche Frische aus. Mit mehr als 200 000 Studierenden ist es eine junge Stadt, deren dynamische Entwicklung sich auch in der Einrichtung immer neuer staatlicher und privater Hochschulen zeigt. Sie existieren neben der ältesten Universität des Landes, die auch eine der ältsten der Welt ist: Ihre Gründung fällt ins Jahr 1364. Der Wawel-Hügel, mit dem Schloss und der Kathedrale einer der touristischen Höhepunkte der Stadt, war bereits vor über 50 000 Jahren besiedelt. Ab 1400 v. Chr. ist der Salzabbau in der Krakauer Umgebung nachgewiesen.

> Reicher Handel, Überfälle und Glanzzeiten in der Renaissance

Im Jahr 965 dann wird die Stadt das erste Mal schriftlich erwähnt, ein Zeichen dafür, dass sich die Siedlung auf dem Wawel-Hügel zum bedeutenden Handelsplatz an der Salz- und Bernsteinstraße entwickelte. Krakau wuchs, wurde zum Bischofssitz und zur Hauptstadt, musste im 13. Jh. aber auch verheerende Überfälle der Tataren überstehen. Ein Trompetensignal, das zu jeder vollen Stunde vom Turm der Marienkirche erklingt, erinnert an diese Angriffe: Der *hejnał* bricht abrupt ab, weil der Turmwächter, als er damals seine Warnung blies, von einem Pfeil getroffen wurde – lebendige Geschichte.

Im 15. und 16. Jh. erlebte Krakau seine Glanzzeit, die sich besonders in der prachtvollen Renaissancearchitektur widerspiegelt. Die Stadt zog Künstler, fortschrittliche Denker und Gelehrte an. Nikolaus Kopernikus etwa, der Jahre später ein neues Weltbild entwerfen sollte, studierte an der Krakauer Universität. Über 400 Sehenswürdigkeiten, die heute unter Denkmalschutz stehen, finden sich innerhalb der Planty, eines Rings von Grünanlagen rund um die Altstadt. Dazu gehören alte Bürgerhäuser, Paläste der Aristokratie, berühmte Museen mit Sammlungen internationaler und polnischer Kunst und nicht zuletzt 60 Kirchen. Besonders die Zahl der Gotteshäuser, die von Königen, Adel und reichem Bürgertum gestiftet wurden, ist ein Symbol des Reichtums. Die Kirchen bergen weltberühmte Schätze wie den Altar in der Marienkirche, der vom Bildhauer Veit Stoß geschaffen wurde, und ziehen Kunstliebhaber und Pilger an.

Krakau war schon immer auch Zentrum des religiösen Lebens in Polen. Als Bistum und Krönungsplatz der polnischen Könige spielte es eine besondere Rolle im Leben der Nation. Oft wird es „päpstliche Stadt" genannt, obwohl Karol Wojtyła, der spätere Papst Johannes Paul II., nicht hier, sondern in Wadowice zur Welt kam. Allerdings verbrachte er mehr als 40 Jahre in Krakau und prägte es auf besondere Weise. So, wie es heute die Touristen tun: Krakau lebt von ihnen und von seiner Rolle als Verwaltungszentrum. Die Stadt ist der größte Arbeitgeber der Region, die Arbeitslosenquote liegt bei 6, die landesweite bei 12 Prozent. Es scheint, als habe sie die Umwälzungen durch das Ende des Sozialismus und die Öffnung des Landes in den 1990er-Jahren gut verarbeitet. Immer mehr Gäste besuchen Leonardo da Vincis „Dame im Hermelin", bewundern die Tuchhallen auf dem Marktplatz oder schlendern durch Nowa Huta, jenen Bezirk, der als sozialistische Vorzeigestadt um das heute privatisierte Stahlwerk angelegt wurde. Die Krakauer jedenfalls wissen, dass sie in einer besonderen Stadt leben – und sind sehr stolz auf sie. Sie lieben und kultivieren ihre Geschichte und Traditionen, und sie können sie tagelang feiern, ob der Grund nun weltlich oder religiös sein mag. Man sagt den Krakauern aber auch nach, dass sie sehr sparsam, um nicht zu sagen geizig sind. Das mag vielleicht stimmen, aber gleichzeitig sind sie gastfreundlich und weltoffen. So sehr, dass sich manche, wie der Geigenrebell Nigel Kennedy, in die Stadt derart verlieben, dass sie hier bleiben, leben, arbeiten und an Krakaus ewiger Geschichte mitschreiben.

Romantische Kaffeepause unter den Arkaden der Tuchhallen am Rynek Główny

TREND GUIDE KRAKAU

Die heißesten Entdeckungen und Hotspots!
Unser Szene-Scout zeigt Ihnen, was angesagt ist

Lucas Mozgala
ist ein Allrounder. Als Besitzer eines Restaurants, einer Internetfirma und Berater von großen Modefirmen kennt er sich in Trendfragen bestens aus. An seiner Heimat Krakau liebt unser Szene-Scout die Offenheit und den schnellen Wandel, der momentan stattfindet. Für Pioniere wie ihn ist Krakau der ideale Ort, um innovative Ideen umzusetzen.

FASHION FEMININ

Elegant, sexy und kreativ

Die Designer wollen weg vom Einheitslook und verpflichten sich der Individualität. So kombinieren die kreativen Köpfe bei *Fama* raffinierte Details mit Eleganz: Raffungen, Knopfreihen und sichtbare Nähte auf edler Wolle, Leinen und Seide machen die femininen Kleider zu Lieblingsstücken *(www.fama.krakow.pl)*. Gleich drei Designprofis kümmern sich unter dem Namen *B3* um den besonderen Look: Kleider in limitierter Auflage sorgen für ein Gefühl von Einzigartigkeit. Für seine Recycling-Fashion schneidert das Team abgetragene Klamotten um – mit Farbe und Aufdrucken entstehen komplett neue Designs *(ul. Reymonta 17, www.studiob3.pl)*. Die verspielten Kleidchen von *Atelier Femini* machen aus Großstadtladys sexy Märchenprinzessinnen *(ul. św. Jana 5, www.femini.pl*, Foto*)*.

SZENE

HAUSMANNSKOST

Wie bei Muttern

Die Gastronomen reißen sich um Omas Geheimrezepte. Im *Restauracja Mieszczańska* kommen nun wieder Kohlrouladen, Eisbein und saure Roggenmehlsuppe mit Ei und Wurst auf den Tisch. Als Starter perfekt: *pierogi*, gefüllte Teigtaschen mit Pilzen, Quark oder Fleisch *(ul. Zwierzyniecka 29, www.mieszczanska.krakow.pl)*. Das *U Babci Maliny* ist ein Highlight von uriger Atmosphäre: In der Kulisse eines alten Bauernhauses schlemmen Gäste Gulasch und geräucherten Schafskäse mit Speck an Holztischen mit Kerzen und Schaffellen *(ul. Szpitalna 38, www.kuchniaubabcimaliny.pl)*. Auf Holz und Felle setzen auch die Wirte des *Chata*. Für den großen Hunger am besten die gemischte Platte bestellen *(ul. Krowoderska 21/2, www.polskakuchnia.com.pl,* Foto*)*.

SCHICKE SCHLAFSTELLE

Loftbesitzer auf Zeit

Die lässige Alternative zu Hotel und Co. sind schicke Lofts mitten in den beliebtesten Vierteln der Stadt. *Cracow Loft Apartments* setzen auf Altbauflair: 4 m hohe Backsteinwände und große Fenster sind die Markenzeichen des *The Kazimierz Loft Apartment (Bożego Ciała 14, www.cracowlofts.com)*. Die Studios von *La Gioia Apartments* gelten als Designinseln: Wände, die mit großen Kieselsteinen verziert sind, frei schwebende Holztreppen und Lichtinstallationen lassen fast vergessen, dass Fitnessraum, Whirlpool und Sauna noch im Keller warten *(ul. Zwierzyniecka 24, www.lagioiaapartments.com,* Foto*)*. Hohe Decken, Korbsessel, dunkles Holz und moderne Kunst – in den *Sebastiana Apartments* achten Greta und Laurent auf Stil *(ul. św.Sebastiana 22, www.oldtownapartment.com)*.

KUNST SCHAFFEN

Zeitgenössisches Treiben

Förderer wie *Dominik Art Projects* bringen Dynamik in die Kunstszene. Die Galerie versteht sich als Raum, in dem sich Künstler frei entfalten können. Der Visionär *Jiří David* stellte hier bereits seinen Fotozyklus „Touch my head" aus *(ul. Mikołajska 5/2, www.dominikprojects.com)*. Jedes Jahr im Juni wird die lokale zeitgenössische Kunst auf dem *Art Boom Festival* präsentiert *(www.artboomfestival.pl)*. *Karolina Kowalska (www.karolinakowalska.pl)* zeigt ihre provokanten Fotografien, Videos und Animationen im *Bunkier Sztuki*. Die Galerie ist eine der wichtigsten Institutionen in Sachen Contemporary Art und Schauplatz der *International Print Triennale (pl. Szczepański 3a, www.bunkier.art.pl)*.

VELO-CITY

Rauf aufs Rad

Das Radwegnetz wächst und findige Verleiher reagieren schnell: *Cruising Krakow Bike Tours* bieten Touren durch die Innenstadt an, lässige Beachcruiser sorgen für den Spaßfaktor *(ul. Basztowa 17, www.cruisingkrakow.com)*. Auch die Guides von *Eccentric Bike Tours & Rentals* radeln mit Gästen durch die City – auf Liegerädern, Tandems und Elektro-Rad-Rollern. Nostalgiefans versuchen sich auf dem Hochrad *(ul. Grodzka 2, www.eccentric.pl)*. Wenn nach einer Tour die Waden schmerzen, nimmt man einen der 15 Fahrradbusse, die extra Radträger haben.

NOSTALGIETRIP

Erinnerung an eine vergangene Zeit

Im Club *PRL*, kurz für *People's Republic of Poland*, lebt der Kommunismus wieder auf – zumindest was Deko und Co. angeht. Was früher verpönt war, ist mittlerweile nostalgisches Accessoire und schwer angesagt. An den Wochenenden ertönt die Musik aus den vergangenen Jahrzehnten im Keller, und auf der Bühne schmettern Rockbands ihre Lieblingssongs *(ul. Garncarska 5, www.clubprl.krakow.pl)*. Rot, Rot, Rot – die Farbe des Kommunismus gibt im *Lubu Dubu* den Ton an. Zu Discobeats trinkt man einen der über 20 unterschiedlichen Wodkas *(ul. Wielopole 15, www.lubu-dubu.pl)*. Stockbetten und Leningraffiti sorgen in den beiden Hostels von *Good Bye Lenin* für das Flair vergangener Tage *(www.goodbyelenin.pl)*.

CAFÉ KULTUR

Aber bitte mit Anspruch

Cafés, in denen Kaffee und Kuchen serviert werden, gibt's seit langem – neu ist die Kunst an den Wänden. In den Gewölben des *Cafe Mlynek* trinken Kulturfans Latte Macchiato mit dem Kaffeelikör Kahlúa und diskutieren über wechselnde Fotoausstellungen. Als Bonus gibt's Klavierkonzerte und Lesungen *(pl. Wolnica 7, www.cafemlynek.pl)*. Auch im *Cafe Pod Kasztanowcem* fühlt man sich der Kunst verpflichtet: In dem Kaffeehaus im *Wyspiański-Museum* trifft sich die junge Avantgarde. Zuerst einen Cappuccino unter schattigen Kastanien schlürfen und danach in die Ausstellungen von so unterschiedlichen Künstlern wie Alfons Mucha oder Veit Stoß *(ul. Szczepanska 11)*. Bücherwürmer verschlägt es ins *Massolit*. Neben englischer Literatur sind eine gute Tasse Tee und die saftige Zitronen-Tarte der Grund *(ul. Felicjanek 4, www.massolit.com*, Foto*)*.

KRAKAU GROOVE

Verführerisch unabhängig

Lässiger Rock mit jazzigen Untertönen, dazu eine tiefe, aber samtige Stimme – die Indie-Rocker von *Eluktrick* passen in keine Schublade und stehen stellvertretend für die Musikszene der Stadt. Ihre Vorbilder sind Nick Cave, Bob Dylan oder The Police, dennoch haben die drei Jungs um Frontmann Thymn dank Sound-Experimenten mit Samples und Stimmen *(www.myspace.com/eluktrick*, Foto*)* ihren ganz eigenen Stil. Fans der Band verbringen ihre Wochenenden im *Folia*: Nu Rave, Garage und Liveacts machen den Club zum Pflichtprogramm, Videoleinwände sorgen für lässiges Ambiente *(Rynek Główny 30, www.foliaclub.pl)*. Auf der Suche nach noch mehr Livemusik? Indiebands heizen im Kulturzentrum *Rotunda* ein *(ul. Oleandry 1, www.rotunda.pl)*.

> DIE KUNST, DER PAPST UND VIELE LEBENDIGE LEGENDEN

Persönlichkeiten und Geschichte(n), die verantwortlich sind für die Magie einer großartigen Stadt

FIN DE SIÈCLE

Im 19. Jh., während der österreichischen Besatzung, herrschte in Krakau große, bis dahin nicht gekannte kulturelle Freiheit. Kunst, Theater, Kabarett und Literatur erblühten, die Stadt lockte Maler, Architekten, Schriftsteller an. Besonders die zweite Hälfte des 19. Jhs. – in der polnischen Kunstgeschichte *Jungpolen (Młoda Polska)* genannt – wurde von der Wiener Secession beeinflusst, einer Vereinigung bildender Künstler in der österreichischen Hauptstadt und in Paris.

Die Fin-de-Siècle-Stimmung fand ihren Ausdruck im Jugendstil: Die jungen Künstler wollten eigene Wege gehen, moderne Themen aufnehmen, ohne Vorgaben arbeiten. Um Stanisław Przybyszewski und seine Frau Dagny Juel gruppierten sich Maler wie Stanisław Wyspiański und Józef

Bild: Teatr Słowackiego

STICH WORTE

Mehoffer, der Komponist Karol Szymanowski und Literaten wie Tadeusz Boy-Zeleński. In literarischen Texten prangerte dieser die konservativen Krakauer und ihren Geiz, ihre Angst vor Neuem und ihre Kleingeistigkeit an. Im Café *Jama Michalika* *(S. 51)* hängen noch heute die Bilder, mit denen die Künstler ihre Schulden beglichen. Die größte Auswahl polnischer Kunst des 19. Jhs. befindet sich in den Tuchhallen.

HÜGEL

In der Stadt gibt es vier künstlich aufgeschüttete Hügel, zwei sind vorchristliche Begräbnishügel (*Kopiec Wandy* in Nowa Huta und *Kopiec Krakusa* in Podgórze). Der *Kościuszko-Hügel* dagegen wurde 1820 aufgeschüttet. Sein Name erinnert an den Anführer des ersten Aufstands gegen die russischen Besatzer im Jahr 1794. Der *Piłsudski-Hügel* entstand 1937 und erinnert an Marschall Józef Piłsudski, der im Ersten Weltkrieg die polnischen Legionen führte. Die Aufschüttung enthält Erde aller Schlachtfelder, auf denen polnische Soldaten kämpften. Beide Hügel befinden sich im Las Wolski (Wolski-Wald), vom Kościuszko-Hügel haben Sie einen schönen Panoramablick.

KLEZMER

Leopold Kozłowski, geboren 1918, ist der letzte Klezmermusiker Galiziens, der bereits vor dem Holocaust die traditionelle Musik der Juden komponierte und spielte. Seinen Spuren folgen viele junge Bands wie etwa *Kroke* oder *Nazzar*, die die Musik ihrer Ahnen mit den typischen Instrumenten Klarinette, Geige und Trommel in Synagogen und Restaurants, im Galizien-Museum oder während des jüdischen Kulturfestivals intonieren.

LEGENDEN

In Krakau begegnen Ihnen auf Schritt und Tritt Legenden und Sagen. Etwa die vom Drachen, dem in einer Höhle des Wawel-Hügels die Jungfrauen der Stadt geopfert wurden. Erst ein Schuster brachte ihn mit einer List zur Strecke und erhielt als Lohn die Prinzessin zur Frau. Der Drache selbst ist heute noch lebendig: Er spaziert über den Marktplatz, kann an jedem Stand als Plüschtier gekauft werden und im Sommer ziehen bunte Drachen in einer Parade durch die Stadt. Selbst die Tauben auf dem Rynek Główny sind Teil einer Legende. Sie sollen Ritter sein, deren Herr sich von einer Hexe Geld geliehen hatte und die wegen seiner Schulden verwandelt wurden. Daher werden die Vögel auch nicht vom Marktplatz vertrieben.

Nicht nur das Trompetensignal von der Marienkirche, das zu jeder vollen

Stunde über die Stadt schallt und Punkt 12 Uhr landesweit im Radio übertragen wird, erinnert an den Tatarenüberfall aus dem 13. Jh. Auch der *Lajkonik*, ein als Tatar verkleideter Mann, erinnert an die kriegerischen Zeiten. Im Sommer spaziert er über den Marktplatz und will jeden mit seinem Zepter berühren. Lassen Sie es zu – es soll Glück bringen!

Das jüdische Erbe ist lebendig wie eh und je: Klezmergruppe beim Auftritt

KAROL WOJTYŁA

Karol Wojtyła, der spätere Papst Johannes Paul II., zog nach seinem Abitur nach Krakau und lebte bis zu seiner Wahl zum Oberhaupt der katholischen Kirche 1979 an der Weichsel. Wojtyła studierte an der Krakauer Uni polnische Philologie und war der Mitbegründer der Theatergruppe Teatr Rapsodyczny, in der er während der Nazi-Okkupation tätig war. Der Papst schrieb Poesie und Stücke, die bis heute in polnischen Theatern gespielt werden. Während des Zweiten Weltkriegs studierte er in einem verbotenen „Untergrundseminar" Theologie und musste als Zwangsarbeiter im Chemiewerk und im Steinbruch schuften.

1946 begann Wojtyła als Vikar in der Florianskirche, 1958 wurde er Bischof und 1963 Erzbischof. Er zog in das Palais der Bischöfe in der ul. Franciszkańska; dort erinnert das „päpstliche Fenster" an seine Reden. Das Fenster ist stets mit weiß-gelben Blumen geschmückt, Kerzen brennen in Erinnerung an den Papst – der sogar einen eigenen Kuchen hat: Die „päpstliche Schnitte" *(kremówka papieska)* stammt zwar aus Wadowice, wird aber auch in Krakau gegessen.

DIE GANZE STADT IST EINE BÜHNE

Nicht nur beim großen Festival der jüdischen Kultur zeigen die Krakauer der Welt, was feiern heißt

> Die Krakauer feiern gern und viel – meist auf dem Marktplatz, aber im Juni, während des Stadtfests, wird ganz Krakau zur Bühne. Außerdem gibt es viele weitere Feste unter freiem Himmel, Konzerte in der Philharmonie oder in Kirchen und Umzüge auf den Straßen. Infos unter www.biurofestiwalowe.pl oder in der Touristinfo (auch Kartenvorverkauf).

FEIERTAGE

1. Jan. *(Neujahr)*; **Ostermontag; 1. Mai** *(Tag der Arbeit)*; **3. Mai** *(Tag der Verfassung)*; **Fronleichnam; 15. Aug.** *(Mariä Himmelfahrt)*; **1. Nov.** *(Allerheiligen)*; **11. Nov.** *(Tag der Unabhängigkeit)*; **25./26. Dez.** *(Weihnachten)*

VERANSTALTUNGEN

März

Die *Dni Bachowskie (Bachtage)* am Ende des Monats werden von der Krakauer Musikakademie organisiert. Während dieser sieben Tage finden Vorträge und barocke Kammerkonzerte (nicht nur mit Werken von Bach) statt, die u.a. von Krakauer Studenten gespielt werden. *www.amuz.krakow.pl*

April

Beim einwöchigen Festival *Misteria Paschalia* am Monatsanfang finden klassische Konzerte in Kirchen, der Philharmonie und der Oper statt. Thema: Fastenzeit und Ostern. www.misteriapaschalia.pl Jazzliebhaber sollten das internationale Festival *Starzy i Mlodzi czyli Jazz w Krakowie (Alt und Jung – Jazz in Krakau)* nicht verpassen. Große und weniger bekannnte Musiker des Genres geben Konzerte in Jazzkellern, Clubs und Cafés. *www.jazz.krakow.pl*

Mai

Während der *Noc Muzeów w Krakowie (Lange Nacht der Museen)* können Sie alle Sammlungen fast umsonst besichtigen. Als Eintrittskarte gilt eine extra für die Veranstaltung geprägte Münze zu 1 Pln. Die Museumsnacht ist sehr beliebt, daher müssen Sie mit langen Warteschlangen rechnen.

>EVENTS FESTE & MEHR

Juni

Zum *Święto Miasta (Stadtfest)* Anfang Juni gehören Konzerte, Umzüge, Marathonläufe und andere Veranstaltungen. Höhepunkt ist die *Parada Smoków (Drachenparade)* die mit riesigen, bunten Drachenfiguren durch die Stadt zieht. Das *Wianki (Weichselkranzfest)* in der Mittsommernacht erinnert an die heidnisch geprägte Zeit, als junge Mädchen in der längsten Nacht des Jahres Kränze ins Wasser ließen, um vom Schicksal einen liebevollen Ehemann zu bekommen. Außerdem im Programm: Konzerte von Weltstars wie Lenny Kravitz oder Jamiroquai und ein Feuerwerk.

ider pp

In Kazimierz wird das ★ *Festiwal Kultury Żydowskiej (Festival der jüdischen Kultur)* mit Konzerten, Filmen, Ausstellungen gefeiert. Thematische Führungen in Objekte, die ansonsten geschlossen sind. *www.jewishfestival.pl*

August

Die *Targi Sztuki Ludowej (Märkte der Volkskunst)* am Monatsende drehen sich um das Krakauer Kunsthandwerk. Auf dem Rynek Główny gibt es traditionelle Erzeugnisse aus Holz oder Ton.

September

Das *Festiwal Sacrum Profanum* ist ein einwöchiges Musikfest, das in untypischer Umgebung stattfindet: in der ehemaligen Schindler-Fabrik beispielsweise oder im Walzwerk in Nowa Huta. Klassische Musik, Ballett oder Jazz gibt es aber auch in der Philharmonie. *www.sacrumprofanum.pl*

Insider Tipp

Dezember

Zur Tradition gehört der *Targi Bożonarodzeniowe (Weihnachtsmarkt)* auf dem Rynek Główny (meist ab dem 2. Dezembersamstag). Während des *Konkurs Szopek Krakowskich (Krippenfest)* werden die schönsten Krippen auf dem Marktplatz ausgewählt und dann im Historischen Museum ausgestellt. *Muzeum Historyczne Masta Krakowa* | Eintritt 3 Pln | *Rynek Główny 35* | *www.mhk.pl*

Insider Tipp

> WO DAS HERZ DER POLNISCHEN GESCHICHTE SCHLÄGT

Die Stadt der Kirchen und Legenden – facettenreich pflegt Krakau jahrhundertealte Traditionen

> Krakau, die alte Hauptstadt der Monarchie, lockt mit mittelalterlicher Architektur, mit unzähligen Kirchen und Museen. Das Zentrum ist nicht groß und sehr gut zu Fuß zu erkunden. Überragt wird die Altstadt, in der sich auch die meisten Sehenswürdigkeiten etwa entlang des Königswegs befinden, vom Wawel und dem darauf thronenden Königsschloss und der prächtigen Kathedrale. Einen grünen Ring um das Zentrum bilden die Planty, ein Gürtel aus Parks und Alleen, der dort angelegt wurde, wo früher die mittelalterlichen Stadtmauern standen. Um diese wunderschöne Parkanlage gruppieren sich die einzelnen Stadtbezirke Krakaus wie Kazimierz, Zwierzyniec oder Kleparz. Auch sie sind von der Altstadt aus meist gut zu Fuß zu erkunden. Straßenbahnen und Busse müssen Sie also nur nutzen, wenn Sie weiter in die Außenbezirke wollen wie etwa in die Arbeitervorstadt

Bild: Blick zur Marienkirche

SEHENSWERTES

Nowa Huta, ehemals geplant als sozialistische Modellstadt.

Wenn Sie es romantisch mögen, dann wäre eine Fahrt in einer Pferdekutsche empfehlenswert, die Sie auf ihre Weise in die Zeit der österreichischen Monarchie versetzt. Oder besichtigen Sie die Stadt vom Wasser aus, mit dem Passagierschiff oder einem Paddelboot auf der Weichsel. Entspannung vom Großstadtgewimmel bieten Ausflüge ins Grüne, etwa ins Villenviertel Wola Justowska oder in den Las Wolski (Wolski-Wald).

NÖRDLICHE ALTSTADT

> Die heutige Innenstadt umfasst das gotische Krakau der Gründungszeit. Volle Stadtrechte bekam die Siedlung an der Weichsel im Jahr 1257, bis Ende des 16. Jhs. war sie die Hauptstadt der

NÖRDLICHE ALTSTADT

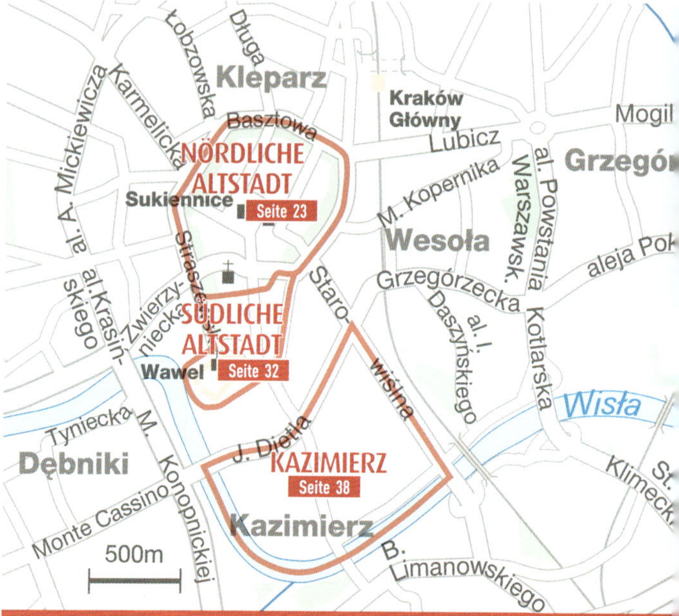

Die Karte zeigt die Einteilung der interessantesten Stadtviertel. Bei jedem Viertel finden Sie eine Detailkarte, in der alle beschriebenen Sehenswürdigkeiten mit einer Nummer verzeichnet sind

polnischen Monarchie. Erst danach übernahm Warschau diese Rolle. Vom 13. bis zum 15. Jh. dauerte für die damals größte Stadt des Landes das goldene Zeitalter. Es entstanden die schönsten Kirchen, Paläste und Wohnhäuser, die – von Kriegen unbeschädigt – die Geschichte Krakaus erzählen.

Durch den nördlichen Teil der Stadt verläuft der Anfang des Königswegs, an dem die bedeutendsten und interessantesten Gebäude liegen. Der Name erinnert an den alten Brauch, nach dem alle Könige und wichtigen Gäste, die offiziell die Stadt besuchten, diesen festgelegten Weg zum Wawel-Schloss zurücklegen mussten. Er beginnt am Florianstor, verläuft die ul. Floriańska entlang bis ins Zentrum, über den Rynek Główny und dann weiter bis zum Wawel, jenem Hügel über der Stadt mit Schloss und Kathedrale. In diesem Teil Krakaus ist immer sehr viel los, hier wird flaniert, hier liegen die Luxusrestaurants und die teuersten Läden und Boutiquen der Stadt.

1 BEFESTIGUNGSANLAGEN [108 C1–2]

Krakau war im Mittelalter mit doppelten, bis zu 3 m breiten Mauern und 47 Wehrtürmen befestigt. Um diese Basteien kümmerten sich die jeweiligen Zünfte und lagerten dort auch teilweise ihre Waffen. Rund um die

Mauern war ein tiefer Wassergraben angelegt, im 15. Jh. kam die *Barbakane* hinzu, eine runde Befestigungsanlage mit Planken und sieben schlanken Türmchen.

Im 19. Jh., als in den meisten großen europäischen Städten die mittelalterlichen Wehranlagen abgerissen wurden, sollten auch in Krakau die Befestigungen abgetragen werden. Heute ist deshalb nur ein kleiner Teil der inneren Mauern mit zwei Basteien und dem Arsenal, der Barbakane und dem Haupteingangstor erhalten. Die Wehranlagen sind nur von außen zu besichtigen, aber Sie können die Barbakane und die Mauern besteigen: Die höheren Etagen bieten eine interessante Aussicht. In einer Ausstellung wird die Entstehung und Geschichte der Anlage dargestellt, zwei bis drei Mal im Jahr ergänzt durch temporäre Schauen. Innerhalb der Mauern bieten Künstler im Sommer unter freiem Himmel ihre Bilder zum Verkauf an, außerdem werden hier regelmäßig Konzerte und Ritterspiele veranstaltet. Insider Tipp

Verlassen Sie die Befestigungsanlage durch das Haupttor *Porta Gloriae,* um in die Stadt zu kommen, denn hier beginnt der Königsweg und es öffnet sich Ihnen ein wunderschöner Blick auf die ul. Floriańska mit der Marienkirche und dem Rynek Główny. *Mai–Okt. tgl. 10.30–17.30*

MARCO POLO HIGHLIGHTS

★ **Collegium Maius**
Eine Begegnung mit Kopernikus im ältesten Universitätsgebäude der Stadt (Seite 26)

★ **Kościoł Franciszkanów (Franziskanerkirche)**
Eine Perle des Jugendstils – mit Blumen und Sternen an den Wänden (Seite 26)

★ **Kościół Mariacki (Marienkirche)**
Reichtum, Prunk und der berühmte Altar von Veit Stoß (Seite 27)

★ **Muzeum Czartoryskich (Czartoryski-Museum)**
Begegnen Sie Leonardo da Vincis „Dame mit dem Hermelin“ (Seite 29)

★ **Rynek główny (Marktplatz)**
In der Weite des Platzes entfaltet sich Krakaus Magie (Seite 30)

★ **Sukiennice (Tuchhallen und Gemäldegalerie)**
Die prächtigen Hallen auf dem Marktplatz sind eines der Wahrzeichen Krakaus (Seite 30)

★ **Ulica Kanonicza (Kanonicza-Straße)**
Ausflugsziel Mittelalter: schlendern, stöbern, schauen (Seite 34)

★ **Zamek królewski (Königliches Schloss)**
Das Renaissancejuwel birgt traumhafte Schätze (Seite 38)

★ **Kościół Bożego Ciała (Fronleichnamskirche)**
Monumentale gotische Pracht mit einer ganz besonderen Kanzel (Seite 40)

★ **Synagoga Remuh (Remuh-Synagoge)**
Beeindruckende Schlichtheit voll lebendiger jüdischer Kultur (Seite 42)

Uhr | Eintritt 6 Pln (Barbakane und Mauern) | Zugang zu den Mauern von der ul. Pijarska aus

2 COLLEGIUM MAIUS ★ [108 A3]

Die Jagiellonen-Universität ist die älteste polnische Hochschule und eine der ältesten der Welt, gegründet wurde sie 1364 von König Kasimir dem Großen. Aus dieser Zeit stammt auch das Collegium Maius, das älteste Universitätsgebäude der Stadt mit seinem gotischen Innenhof. Besonders sehenswert ist das sogenannte Kristallgewölbe in den Arkaden des Innenhofs, das eher an ein Kloster als an ein Universitätsgebäude erinnert. Wenn Sie nicht gerade zur Zeit des Glockenspiels hier sind, das alle zwei Stunden besonders viele Besucher anlockt und mit dem „Gaudeamus Igitur" endet, können Sie sich im Café im original gotischen Keller ins 15. Jh. zurückversetzen lassen, als Nikolaus Kopernikus hier studierte. Sein Denkmal schmückte bis in die 1960er-Jahre den Innenhof, neben Papst Johannes Paul II. ist er der bekannteste Student der Universität.

Nicht verpassen sollten Sie das Universitätsmuseum: Im Rahmen einer ca. 40-minütigen (obligatorischen) Führung geht es in die prachtvollen gotischen Räume der Bibliothek, des Speiseraums der Professoren und der großen Aula. *Mo–Fr 10–14.20, Sa 10–13.20, April–Okt. Di/Do bis 18 Uhr; Glockenspiel 9, 11, 13, 15, 17 Uhr (freier Eintritt) | Eintritt 12 Pln | ul. Jagiellońska 15*

Gotische Pracht in der Marienkirche

3 KOŚCIOŁ FRANCISZKANÓW (FRANZISKANERKIRCHE) ★ [108 B4]

Die Franziskanerkirche ist das einzige sakrale Gebäude aus der Jugendstilzeit in Krakau. Von außen ist die Kirche neogotisch, innen schmücken sie Werke des Jugendstilkünstlers Stanisław Wyspiański. Er malte die Wände mit Blumen und Sternen aus und gestaltete die Glasfenster sowohl für das Presbyterium wie auch das Fenster mit der „Erschaffung der Welt" über dem Haupteingang. Das Innere der Franziskanerkirche ist

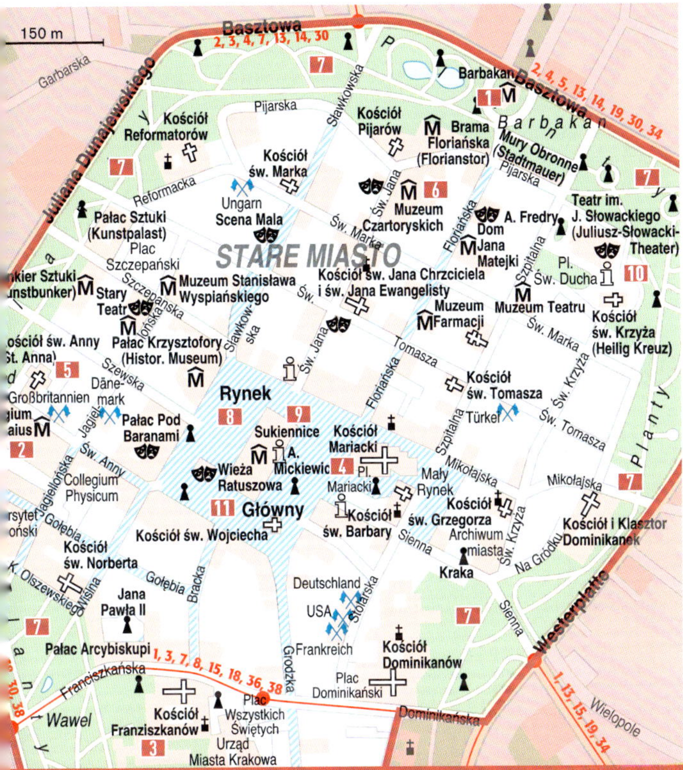

NÖRDLICHE ALTSTADT

1 Befestigungsanlagen
2 Collegium Maius
3 Kościoł Franciszkanów
4 Kościół Mariacki
5 Kościół św. Anny
6 Muzeum Czartoryskich
7 Planty
8 Rynek Główny
9 Sukiennice
10 Teatr Słowackiego
11 Wieża Ratuszowa

ziemlich dunkel, deshalb sollten Sie einen sonnigen Tag für Ihren Besuch wählen. Die Kirche besitzt auch einen interessanten Kreuzgang mit Porträts der Krakauer Erzbischöfe, darunter auch das von Karol Wojtyła. *Tgl. 6.30–20 Uhr, außer zu Messezeiten | ul. Franciszkańska 2*

4 KOŚCIÓŁ MARIACKI (MARIENKIRCHE) ★ [108 C3]

Die prächtigste gotische Basilika Krakaus stammt aus dem 14. Jh., wurde aber mehrmals umgebaut. Deswegen finden Sie hier außen und innen eine Mischung aus verschiedenen architektonischen Stilen. Der größte Schatz der Marienkirche ist der *Hauptaltar von Veit Stoß*, der aus Nürnberg nach Krakau kam und zwölf Jahre seines Lebens diesem Werk widmete. Ab 1477 arbeitete er barocken Altar eingesetzt. Für den schönsten Blick über die Stadt besteigen Sie über mehr als 200 Stufen den 54 m hohen ✱ Turm der Kirche, und zwar am besten zur vollen

Die Sammlung der Fürstenfamilie Czartoryski ist das Herzstück des gleichnamigen Museums

an dem 11 x 13 m großen Meisterwerk, das er aus Eichen- und Lindenholz schnitzte und mit Farben und Blattgold veredelte. Der Altar wird montags bis samstags um 12 Uhr geöffnet; ein besonderes Erlebnis, das in der Hochsaison von einer riesigen Menschenmenge begleitet wird – also **Insider Tipp** mindestens 15 Minuten früher kommen! Auch die Figur des gekreuzigten Christus im südlichen Seitenschiff stammt von Veit Stoß. Sie wurde aus einem Stück Sandstein gearbeitet und nachträglich in den Stunde. Dann wird nämlich vom höheren der beiden Türme der *hejnał* gespielt. Die „zweite Nationalhymne Polens" wird live von Feuerwehrleuten intoniert. *Kirche: Mo–Sa 11.50–18, So 14–18 Uhr; Turm: Mai–Sept. Di, Do, Sa 9–11.30 u. 13–17.30 Uhr | Eintrit Kirche 6 Pln, Turm 5 Pln | pl. Mariacki 1*

5 KOŚCIÓŁ ŚW. ANNY (ANNAKIRCHE) [108 A3] Insider Tipp

Die barocke Kirche wurde von Tylman van Gameren Anfang des 18.

Jhs. gebaut. Sie ist eine dreischiffige Basilika mit einer besonders reichen Ausstattung und das beste Beispiel für den späten Barock in Krakau. Der Künstler Baltasar Fontana hat sie mit Stuck und illusionistischen Malereien geschmückt, jener Kunstform, die in ihren Bildern Dreidimensionalität und Raumtiefe darzustellen versucht. Die Kirche gilt als eins der schönsten Gebäude aus dem 18. Jh. in ganz Polen. *Nur zu den Messezeiten geöffnet | ul. św. Anny 13*

6 MUZEUM CZARTORYSKICH (CZARTORYSKI-MUSEUM) ★ [108 C2]

Das älteste Museum des Landes wurde 1801 auf dem Gut der Fürstin Isabela Czartoryska in Puławy eingerichtet. Der Magnatenfamilie gehörte damals fast das halbe Land und außer Reichtum und Luxus liebten die Czartoryskis die Kunst. Die Sammlung besteht vor allem aus Werken europäischer Künstler vom Mittelalter bis zum 19. Jh., darunter auch das Rembrandt-Gemälde „Landschaft mit barmherzigem Samariter". Ihre Perle ist das Gemälde „Die Dame mit dem Hermelin" von Leonardo da Vinci. Mit Glück – etwa an einem Wochentag vormittags – erleben Sie es ohne Menschenmassen.

Insider Tipp

Im Museum befindet sich außerdem eine Sammlung von Kunstgewerbe aus allen Epochen und eine zur polnischen Geschichte. Besonders interessant sind erbeutete türkische Gegenstände wie Waffen und Zelte, die der polnische König Jan III. Sobieski nach der gewonnenen Schlacht bei Wien 1583 nach Krakau brachte. *Di–Sa 10–18, So 10–16 Uhr | Eintritt 10 Pln | ul. Św. Jana 10*

7 PLANTY [108–109 A–D 1–5]

Die 4 km lange Grünanlage, die die Altstadt umgibt, entstand dort, wo sich früher die alten Mauern und Wassergräben der Befestigung befanden. Bei einem Spaziergang entlang der Planty mit ihren wunderschönen Alleen, den Teichen, Blumenbeeten und unzähligen Wegen werden Sie die Stadt aus einer anderen Perspektive erleben – nämlich von außen. Ganz nebenbei können Sie die größte Sammlung an Denkmälern unter freiem Himmel bewundern, die im 19. und 20. Jh. entstanden ist. Die Skulpturen stellen große polnische Künstler wie etwa den Bildhauer Wacław Szymanowski dar, aber auch fiktive Figuren aus der polnischen Literatur. Für Radfahrer und Jogger ist die 20 ha große Grünfläche im Zentrum der Stadt perfektes Trainingsgebiet.

Insider Tipp

>LOW BUDGET

- In fast allen Museen können Sie am Sonntag die Dauerausstellungen umsonst besuchen. Erkundigen Sie sich am besten vor Ort.
- Musikliebhaber haben die Möglichkeit, in vielen Kirchen umsonst Klassikkonzerte zu hören. Über die Termine der Gratisevents informieren Plakate *(wstęp wolny bedeutet Eintritt frei)*.
- Ökologisch korrekt und sehr preiswert sind Sie in der Stadt mit dem Fahrrad unterwegs. Dank einer Initiative der Stadtverwaltung gibt es in Krakau viele Punkte, an denen Sie ein Rad abholen und an anderen wieder abgeben können. Infos (auch auf Deutsch) unter *www.bikeone.pl*.

8 RYNEK GŁÓWNY (MARKTPLATZ) ★ [108 B–C3]

Der Krakauer Marktplatz war immer und ist bis heute das Zentrum nicht nur des kulturellen Lebens der Stadt. Es ist der größte mittelalterliche Platz Europas (200 x 200 m), umgeben von den Häusern der reichsten Bürger und den Palästen der Aristokratie. Die Sukiennice (Tuchhallen) und die Marienkirche zählen zu den Höhepunkten des „Großen Markts". Bis zum 19. Jh. war der ganze Platz dicht bebaut mit Krämerläden, den Gebäuden der Großen und Kleinen Waage und dem Rathaus, die alle nach 1820 abgerissen wurden. An einem sonnigen Sommertag fühlen Sie sich hier wie in Italien, nicht nur wegen der vielen Tauben, sondern auch wegen der Renaissancearchitektur der Tuchhallen und der Wohnhäuser.

Die Bürgerhäuser am Marktplatz zeigen alle möglichen architektonischen Stile – von der Gotik bis hin zu Gebäuden, die im 20. Jh. entstanden sind. Viele Fassaden sind sehr schmal, manche haben nur zwei Fenster. Der Grund: Die Zahl der auf den Platz hinausgehenden Fenster bestimmte die Höhe der Steuer, die der Hausbesitzer zahlen musste. Auf dem Marktplatz finden das ganze Jahr über Festivals, Konzerte und Ausstellungen statt. Zweimal im Jahr – zu Weihnachten und zu Ostern – werden hier Märkte abgehalten.

Neueste Attraktion am Marktplatz ist das Museum *Rynek Podziemny (Unterirdischer Marktplatz),* das seit Mitte 2010 seine Besucher in den Untergrund entführt: Auf verglasten Wegen geht es hinein ins mittelalterliche Krakau. Im Kleinformat rekonstruierte Gebäude von Krämerläden oder der Großen Waage erwarten die Besucher ebenso wie ein Friedhof aus dem 12. Jh. oder Gegenstände, die während der archäologischen Arbeiten unter dem Platz gefunden wurden. *Aktuelle Infos auf www.mhk.pl*

9 SUKIENNICE (TUCHHALLEN UND GEMÄLDEGALERIE) ★ [108 B3]

Die Tuchhallen in der Mitte des Marktplatzes sind neben Marienkirche und Wawel-Schloss das Wahrzeichen der Stadt. Hier wurde mit dem begehrtesten Artikel der Zeit – Tuchen und Stoffen – ebenso gehandelt wie mit Salz: Krakau lag an der Salzstraße und besaß besondere Privilegien, die es zur reichsten Stadt der polnischen Monarchie machten.

Das Gebäude selbst entstand im 14. Jh. und wurde zweimal – im 16. und im 19. Jh. – umgebaut. Die lange Halle mit ihren an der Längsseite verlau-

fenden Arkaden, die während des jüngsten Umbaus dazukamen, wird von einer originalen Renaissanceattika geschmückt, die von interessanten Skulpturen in Form von Fratzen gekrönt wird. Bis heute dienen die Tuchhallen dem Handel: Im Erdgeschoss finden Sie Läden mit Bernsteinschmuck, Lederwaren, Holzerzeugnissen und anderen Souvenirs des volkstümlichen Kunsthandwerks.

Im ersten Stock befindet sich normalerweise die sehenswerte *Galeria Sztuki Polskiej XIX wieku (Galerie der polnischen Malerei und Bildhauerkunst des 19. Jhs.),* eine Sammlung von meist gigantischen Historienbildern. Die Ausstellungsräume werden jedoch noch bis mindestens 2011 renoviert. *Rynek Główny 1–3*

10 TEATR SŁOWACKIEGO (SŁOWACKI-THEATER) [108 D2]

Das schönste Theater der Stadt entstand im Jahr 1893 nach den Plänen des Architekten Jan Zawiejski. Es ist ein eklektisches Gebäude mit überwiegenden Motiven der neobarocken Architektur, die in der Habsburger-Monarchie für Theatergebäude so beliebt war. Nicht nur Wien war hier die Vorlage, sondern vor allem auch die Pariser Oper von Charles Garnier. Das mit verschwenderischer Pracht ausgestattete Innere lohnt den Theaterbesuch, auch wenn auf der Bühne nur auf Polnisch gespielt wird. Besonders schönes Detail ist der original erhaltene große Vorhang Insider Tipp von Henryk Siemiradzki, der nicht zusammengerollt, sondern hochgehoben wird. Geschmückt wird er von einer allegorischen Szene mit der Personifizierung der künstlerischen Inspiration, der Komödie und des Dramas. Das Theater kann nur im Rahmen einer individuell zu arrangierenden Führung besichtigt werden *(nur auf Polnisch | Tel. 124 24 45 25). pl. Świętego Ducha 1 | www.slowacki.krakow.pl*

Stilvoller Handelsplatz mit langer Geschichte: die Tuchhallen am Marktplatz

11 WIEŻA RATUSZOWA (RATHAUSTURM) [108 B2]

Der Rathausturm aus dem 14. Jh. ist 70 m hoch und steht heute alleine im westlichen Teil des Marktplatzes. Früher ein Teil des Rathauses, das 1820 abgerissen wurde, befindet sich heute im Turm eine Abteilung des historischen Museums der Stadt. Im Erdgeschoss können Sie eine Stube aus dem 14. Jh. besichtigen, die im Mittelalter als Schatzkammer diente. Im ersten Stock befindet sich ein großer Raum, in dem früher die Sitzungen der Ratsherren stattfanden. Es lohnt sich, den Turm zu besteigen: Im obersten Stockwerk gibt es Insider Tipp drei Fernrohre, durch die Sie über die Stadt blicken können. Im Keller des Rathauses, wo früher das Gefängnis und die Folterkammer lagen, befinden sich heute ein Café und eine kleine Theaterbühne. *Mai–Okt. tgl. 10.30–18 Uhr | Eintritt 6 Pln | Rynek Główny 1*

SÜDLICHE ALTSTADT

> Dieser Teil der Stadt wird von der Silhouette des Wawel-Schlosses und der bischöflichen Kathedrale dominiert. Der Dom und die königliche Residenz machten den Wawel-Hügel zur Zeit der polnischen Monarchie zum wichtigsten Teil der Stadt. Bevor Sie den Hügel besteigen, um einmal mehr tief in die polnische Geschichte einzutauchen, sollten Sie die bischöflichen Paläste in der ul. Kanonicza bewundern. Machen Sie Halt in einem der vielen Cafés, trinken Sie einen Espresso und bewundern Sie danach noch die Kunstschätze im Muzeum Erazma Ciołka.

Natürlich spazieren Sie in ganz Krakau auf den Spuren des ehemaligen Papstes Johannes Paul II., aber in diesem Teil der Stadt ist das besonders zu spüren. Als Bischof und

> BÜCHER & FILME

Ausflüge in die wechselhafte Geschichte Krakaus

> **Ich schwebe über Krakau** – Erinnerungen an die Stadt der 1960er-Jahre. Adam Zagajewski reflektiert in schönster literarischer Form über den Alltag und erinnert sich an die damals in Krakau wohnenden Menschen – etwa einen Priester namens Wojtyła.

> **Das Mädchen im roten Mantel** – Roma Ligocka überlebte mit ihrer Mutter den Holocaust im Krakauer Getto und erinnert sich an die Menschen und ihren Alltag.

> **Europa erlesen – Krakau** – Mosaik aus kurzen Texten über Krakau und Kazimierz vor und nach dem Krieg, über polnische Geschichte und Kultur. Von Literaten und Künstlern wie z. B. Alfred Döblin, K.I. Gałczyński, Ewa Lipska oder Mordechaj Gebirtig.

> **Der Sohn des Tuchhändlers** – Spannender historischer Roman von Richard Dubel: 1486 schnitzt Veit Stoß den Marienaltar, während die ersten Pogrome gegen die Juden stattfinden.

> **Schindlers Liste** – In Krakau gedreht, erzählt Steven Spielbergs Film die Geschichte der 1100 von Oskar Schindler geretteten Juden.

Erzbischof wohnte Karol Wojtyła in der ul. Kanonicza und wirkte im Dom auf dem Wawel-Hügel, immerhin die bischöfliche Krönungskirche.

barockisiert. Sie gehört zum benachbarten Kloster der Klarissen, einem sehr strengen Klausurorden. *Tgl. 7–18 Uhr | ul. Grodzka 16*

Vor der Peter-und-Paul-Kirche werden die Gläubigen von den zwölf Aposteln empfangen

1 KOŚCIÓŁ ŚW. ANDRZEJA (ST.-ANDREAS-KIRCHE) [108 B5]

Die Kirche mit den zwei charakteristischen Türmen ist eine der ältesten der Stadt und hat ihr romanisches Aussehen bis heute bewahrt. Im 11. Jh. gebaut, im 13. und 14. Jh. umgebaut, war sie laut Überlieferung das einzige Gotteshaus Krakaus, das den großen Tatarenüberfall 1241 unbeschadet überstand und den Bürgern Schutz bot. Das Innere der dreischiffigen, kleinen Kirche mit ihrem Altar aus schwarzem Marmor und der Kanzel in Form eines Schiffs wurde im 17. Jh. von Baltasar Fontana

2 KOŚCIÓŁ ŚW. PIOTRA I PAWŁA (ST.-PETER-UND-PAUL-KIRCHE) [108 B–C5]

Die einschiffige Kirche aus rotem Backstein und hellem Granit mit einzelnen Kapellen und einer von außen fast unsichtbaren Kuppel ist die erste barocke Kirche, die in Polen gebaut wurde. Begonnen wurde ihr Bau 1597, er dauerte bis 1619, weil es statische Probleme mit der Kuppel gab. Das Gotteshaus steht für schlichten, frühen römischen Barock und ist eine exakte Kopie der römischen Jesuitenkirche Il Gesù – manche behaupten, dass bei der Krakauer Version die Proportionen noch besser passen als bei der in Rom. Das Innere ist geschmückt mit Stuckarbeiten des Italieners Giovanni Battista Falconi, in der Kuppel befindet sich ein Foucaultsches Pendel, mit dessen Hilfe die Erdrotation nachgewiesen werden kann. In der Kirche werden im Sommer sehr oft Konzerte gegeben, die auf Plakaten am Eingang angekündigt werden. Da es innen auch im Sommer sehr kalt ist, sollten Sie beim Besuch eines solchen Konzerts immer einen Pullover mitnehmen. *Tgl. 6.30–19 Uhr, außer zur Messezeit | ul. Grodzka 54*

Straße ins Mittelalter: die ulica Kanonicza

3 MUZEUM ERAZMA CIOŁKA (ERAZM-CIOŁEK-MUSEUM) [108 B5]

Das Museum befindet sich in dem gotischen Palast des Bischofs Erazm Ciołek aus dem 16. Jh., der von 1999 bis 2006 total renoviert wurde und heute als Sitz einer der Abteilungen des Nationalmuseums dient. Die Ausstellung ist in zwei thematische Teile unterteilt: Die wertvollsten Exponate in der Sammlung „Kunst des alten Polens" sind Gemälde und Skulpturen aus dem 14. bis 16. Jh., darunter eine große Sammlung von gotischen Altaraufsätzen. Einen besonders intensiven Eindruck hinterlässt der Saal, der barocken polnischen Begräbnisbräuchen gewidmet ist: Vor dem Hintergrund sakraler Musik sind Särge und Sargbildnisse ausgestellt, die in dieser Form nur in der polnischen Kunst zu sehen sind.

Die „Orthodoxe Kunst der alten Republik" besteht aus Ikonen – eine der ältesten und wertvollsten Sammlungen orthodoxer Malerei in Mitteleuropa – und Gegenständen der östlichen Liturgie. *Di–Sa 10–18, So 10–16 Uhr | Eintritt 12 Pln pro Ausstellung, So frei | ul. Kanonicza 17 | www.muzeum.krakow.pl*

4 ULICA KANONICZA (KANONICZA-STRASSE) ★ [108 B5]

In der besonders schönen, schmalen Gasse ist jedes Haus einen Blick wert. Am Tag ist die Straße stark bevölkert, denn hier verläuft der letzte Teil des

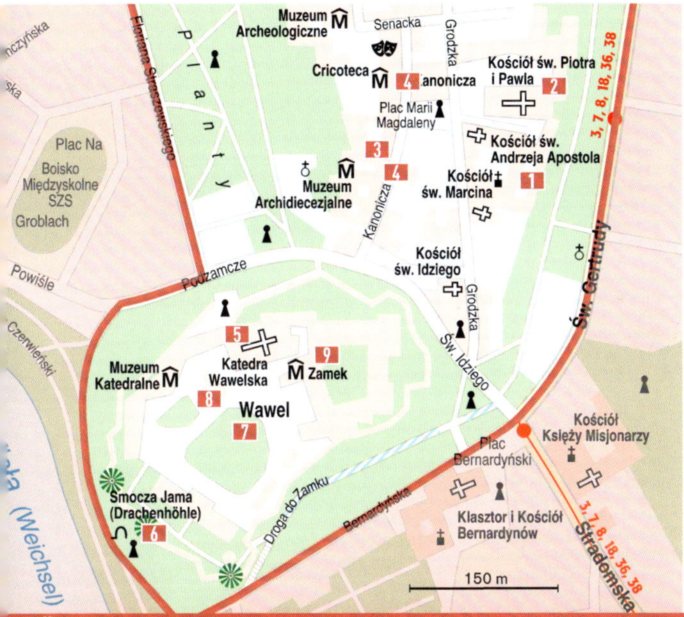

SÜDLICHE ALTSTADT

1 Kościół św. Andrzeja
2 Kościół św. Piotra i Pawła
3 Muzeum Erazma Ciołka
4 Ulica Kanonicza
5 Katedra św. Stanisława i Wacława
6 Smocza Jama
7 Wzgórze Wawelskie
8 Wawel Zaginiony
9 Zamek Królewski

Königswegs, der zum Schloss führt. Deshalb lohnt ein Spaziergang an einem warmen Abend entlang der angestrahlten Gebäude. Der Name der Straße bezieht sich auf ihre Anwohner: Die Kanoniker des Domkapitels waren die Berater des Bischofs und bauten sich hier am Fuß des Hügels ihre Paläste. Besonders interessant sind die Fassaden und reich geschmückten Portale der Häuser Nr. 1, 3, 9, 13 und 15. Viele bergen hinter den gotischen Fassaden Renaissancearkaden-Innenhöfe, die an das Schloss auf dem Wawel-Hügel erinnern – schließlich wollte jeder Bischof ebenso modern wohnen wie der König.

5 KATEDRA ŚW. STANISŁAWA I WACŁAWA (KATHEDRALE) [108 B6]

Die Krakauer Kathedrale, in der Nachbarschaft des Schlosses auf dem Wawel-Hügel gelegen, ist die wichtigste Kirche im ganzen Land – wegen ihrer Symbolik und ihrer Funktion. Die Krönungskirche der polnischen Monarchen ist das dritte

Gotteshaus an dieser Stelle, sie stammt aus dem 14. Jh., wurde aber über die Jahrhunderte unzählige Male umgebaut und vereint alle möglichen Architekturstile vom Mittelalter bis lończyk, geschaffen von Veit Stoß. Den zentralen Platz im Dom nimmt ein silberner barocker Sarg ein, der die Reliquien des hl. Stanisław birgt.

Die Kathedrale ist für eine Königs-

Wo Polens Könige gekrönt und begraben wurden: in der Kathedrale auf dem Wawel

zur Moderne. Sie ist der Beisetzungsort der polnischen Regenten, weswegen im Dom eine ganze Reihe königlicher Särge steht. In der Krypta fanden auch der im April 2010 bei einem Flugzeugunglück ums Leben gekommene Präsident Lech Kaczyński und seine Frau ihre letzte Ruhestätte.

Die dreischiffige Basilika wird flankiert von zwei gotischen Kapellen, von denen vom Eingang aus die rechte – die *Heiligkreuzkapelle* – besonders sehenswert ist. Sie wurde im 15. Jh. mit russisch-byzantinischen Fresken geschmückt. In dieser Kapelle befindet sich das Marmorgrab des polnischen Königs Kazimierz Jegiel-

und Bischofskirche relativ klein, daher die große Zahl der bereits erwähnten Kapellen, die sie von allen Seiten umgeben. Zwei sind von besonderem Wert: die *Kaplica Zygmuntowska (Sigismund-Kapelle)* und die *Kaplica Wazów (Waza-Kapelle)*. Erstere wurde als „Perle der Renaissance nördlich der Alpen" bezeichnet: Ihre Stileinheit und perfekte Harmonie macht sie bis heute nicht nur für Kunstkenner zu etwas ganz Besonderem. Sie stammt aus dem 16. Jh. und ist das Werk des Italieners Bartolome Berecci, der sie aus rotem ungarischem Marmor, kombiniert mit weißem Stein, schuf. Die Waza-Kapelle ist der Inbegriff barocker Kunst und barocken Denkens, ganz mit schwarzem Marmor ausgeschmückt. Die Skelette am Türgitter sollen an die Vergänglichkeit des Lebens erinnern.

Statten Sie auf jeden Fall dem ✲ *Wieża Zygmuntowska (Sigismundturm)* mit der gleichnamigen Glocke einen Besuch ab. Das Berühren dieser Glocke, so will es die Legende, garantiert ewige Liebe und besonderes Glück. Im Dommuseum sind Stücke aus der Schatzkammer ausgestellt: Kelche, Monstranzen, liturgische Gewänder und Gegenstände, die an Papst Johannes Paul II. erinnern. *April–Sept. Mo–Sa 9–17, So 12.30–17, Okt.–März Mo–Sa 9–16, So 12.30–16 Uhr | Eintritt 10 Pln (Dom und Museum) | Wawel 1*

6 SMOCZA JAMA (DRACHENHÖHLE) [108 A6]

Laut Legende wohnte in dieser Höhle der gefräßige Drache, dem ausschließlich Jungfrauen aus der Stadt schmecken wollten und der erst durch eine List besiegt werden konnte. Die uralte Geschichte hat, wie in vielen solcher Fälle, vermutlich einen wahren Kern: Archäologen fanden in der Höhle Knochen prähistorischer Tiere. Sie ist eine von vielen, die in dem weichen Kalkstein entstanden und von denen die meisten im 16. Jh. zugemauert wurden. Die Besichtigung der illuminierten Drachenhöhle beginnt oben am Wawel-Hügel und endet an der Weichsel. Am Ausgang steht eine monumentale Metallfigur des Drachens, die alle paar Minuten Feuer spuckt. *April–Juni und Sept./Okt. tgl. 10–17, Juli/Aug. 10–18 Uhr | Eintritt 3 Pln | Wawel 5*

7 WZGÓRZE WAWELSKIE (WAWEL-HÜGEL) ✲ [108 A–B 5–6]

Der Wawel-Hügel war schon lange vor der Christianisierung der Gebiete um Krakau im 10. Jh. besiedelt: Archäologen haben hier Gegenstände aus der Altsteinzeit gefunden. Dass der Hügel nicht nur über Quellen verfügte, sondern auch von allen Seiten von der Weichsel umgeben war, machte ihn zum strategisch perfekten, sicheren Platz. Heute ist der alte Lauf der Weichsel, die im 19. Jh. umgeleitet wurde, nicht mehr zu erkennen. Wenn Sie aber dem Königsweg hoch zum Wawel folgen, passieren Sie am Ende der ul. Kanonicza das alte Flussbett. Der Wawel-Hügel ist einer der besten Aussichtspunkte der Stadt.

8 WAWEL ZAGINIONY (VERSCHOLLENER WAWEL) [108 B6]

In diesem archäologisch-architektonischen Museum finden sich Rekonstruktionen romanischer Gebäude, die bei Grabungen auf dem königlichen Hügel gefunden wurden. Anhand von Modellen und Filmen entsteht ein Bild des Wawel vom 10. bis 14. Jh. Die Sammlung besteht aus Steinrelikten, Gefäßen, Schmuckstücken und anderen Gegenständen aus Knochen und Holz, die während der Ausgrabungen gefunden wurden. Am interessantesten ist die fast komplett erhaltene frühromanische Rotunde (Insider Tipp) aus dem 10./11. Jh., die der Jungfrau Maria geweiht ist. *April– Okt. Mo 9.30–13, Di–Fr 9.30–17, Sa/So 11–18, Nov.–März Di–Sa 9.30–16, So 10–16 Uhr | Eintritt 8 Pln, April–Okt. Mo und Nov.–März So Eintritt frei | Wawel 5*

9 ZAMEK KRÓLEWSKI (KÖNIGLICHES SCHLOSS) ★ [108 B6]

Das Schloss ist die erste Residenz im Land, die im Renaissancestil gebaut wurde (1504–1536). König Zygmunt Stary beauftragte italienische Künstler aus Florenz. Das monumentale dreistöckige Gebäude beeindruckt besonders mit seinem Arkadeninnenhof. Bis Ende des 16. Jhs. diente das Schloss den polnischen Monarchen als offizielle Residenz. Als ein Teil des Gebäudes abbrannte, wurde es zwar im barocken Stil wiederaufgebaut, König Zygmunt III. Waza zog aber mit dem Hof nach Warschau.

Im Schloss befindet sich heute ein Museum, alle Räume – sowohl der repräsentative als auch der private Teil – sind zugänglich. Der wahre Schatz ist die Sammlung von Wandteppichen aus dem 16. Jh., die auf Bestellung von König Zygmunt August aus Seide in Brüssel gewebt wurden. Sie wurden nach Maß für die Räume gefertigt, schmückten ursprünglich fast alle Wände und erzählen drei große biblische Geschichten: die von Adam und Eva, vom Turmbau zu Babel und von der Arche Noah. *Reprezentacyjne komnaty królewskie (repräsentative königliche Gemächer): April–Okt. Di–Fr 9.30–17, Sa/So 11–18 Uhr, Nov.–März Di–Fr 9.30–16, Sa/So 10–16 Uhr | Eintritt April–Okt. 17 Pln, sonst 14 Pln, So Eintritt frei; Prywatne komnaty królewskie (private königliche Gemächer): wie oben, So geschl. | Eintritt 24 Pln, nur mit Führung auf Polnisch oder Englisch | Wawel 5*

Der Kronschatz befindet sich im Erdgeschoss des ältesten Teils des Schlosses, hier sehen Sie die gotischen Reste der früheren Burg. Unter den Exponaten sind Silberteller und -krüge und besonders reich geschmückte Pferdegeschirre. Einen besonderen Platz nimmt das *Szczerbiec* ein, das Krönungsschwert der polnischen Könige. In der benachbarten Rüstkammer werden Waffen vom 15. bis 19. Jh. ebenso gezeigt wie mittelalterliche Rüstungen. *Skarbiec Koronny i Zbrojownia (Kronschatz und Rüstkammer): April–Okt. Mo 9.30–13, Di–Fr 9.30–17, Sa/So 11–18, Nov.–März Di–Sa 9.30–16 Uhr | Eintritt April–Okt. 17 Pln, Nov.–März 14 Pln | Wawel 5*

KAZIMIERZ

> Kazimierz war bis Ende des 19. Jhs. eine selbstständige Stadt. Der Name erinnert an König Kazimierz Wielki, der den

Ort 1335 gründete. Mit der Zeit entwickelte sich Kazimierz zu einer großen Stadt mit Marktplatz, Rathaus und einer Reihe von prächtigen Klöstern. Die im 15. Jh. aus Krakau umgesiedelten Juden wurden in einem umfriedeten Bezirk um die ul. Szeroka ansässig. Die jüdische Welt mit ihren sieben Synagogen, den Friedhöfen, Handelsplätzen und Schulen funktionierte unverändert bis zum Ende des 19. Jhs., als die Stadtverwaltung über den Abriss der Mauern entschied und den Juden das Recht zurückgab, sich da niederzulassen, wo sie wollten. Das friedliche Leben endete 1941: Die nationalsozialistischen Besatzer deportierten die jüdische Bevölkerung ins Getto im Krakauer Stadtteil Podgórze.

Wenn Sie heute entlang der alten Gebäude durch die Straßen von Kazimierz spazieren, können Sie sich mit ein bisschen Phantasie gut in frühere Zeiten zurückversetzen. Dabei hilft sicher ein Besuch in einem der vielen jüdischen Restaurants in der ul. Szeroka oder ein Klezmerkonzert. Das jüdische Erbe in Kazimierz macht allerdings nur einen – wenn auch großen – Teil der Geschichte aus: Mit der gotischen Kościół Bożego Ciała (Fronleichnamskirche) und der Kościół Pauliów na Skałce (Paulinerkirche „Auf dem Felsen“) an der Weichsel finden sich auch Sehenswürdigkeiten mit christlichem Hintergrund. Genießen Sie die Atmosphäre von Kazimierz vor allem auch am Abend, schließlich ist der Bezirk der angesagteste der Stadt: ▶▶ Hier treffen sich Partygänger, Nachtschwärmer und Künstler. Besonders im Sommer geht es hoch her, dann sind

Nicht nur bei sommerlichen Klassikkonzerten fasziniert der Arkadeninnenhof des Schlosses

die Cafés, Kneipen und Clubs am pl. Nowy bis frühmorgens geöffnet. *Kazimierz erreichen Sie entweder zu Fuß (15 Min. vom Wawel-Hügel über die ul. Stradom und Krakowska, von Poczta Główna über die ul. Starowiślna) oder mit den Straßenbahnlinien 3, 6, 8 (Wawel bis Plac Wolnica) und 13 (Poczta Główna bis Miodowa).*

1 KOŚCIÓŁ BOŻEGO CIAŁA (FRONLEICHNAMSKIRCHE) ★ [112 B4]

Die Pfarrkirche von Kazimierz am ehemaligen Marktplatz ist eine der schönsten gotischen Kirchen der Stadt. Eine Legende erzählt, dass über dem Bauplatz, einem früheren Sumpf, mehrere Wochen lang bei Tag und Nacht ein merkwürdiges Licht zu sehen war. Als Arbeiter dort zu graben begannen, fanden sie eine Monstranz, die einige Wochen früher aus einer Krakauer Kirche verschwunden war. Die monumentale mittelalterliche Kirche von 1340 wurde im 18. Jh. barockisiert. Besonders sehenswert sind der Hauptaltar und die Kanzel in Form eines Boots – eine von nur zweien in Krakau. *Tgl. 6–20 Uhr, außer zu Messezeiten | ul. Bożego Ciała 26*

2 KOŚCIÓŁ PAULIÓW NA SKAŁCE (PAULINERKIRCHE „AUF DEM FELSEN") [111 E6]

Die barocke Kirche wurde im 18 Jh. von Anton Müntzer und Antonio Solari an der Stelle einer kleinen gotischen Vorgängerin gebaut. Es entstand eine dreischiffige Basilika mit zwei Türmen, in die ein prunkvolles Portal aus schwarzem Marmor führt. Die Legende verbindet diesen Ort mit dem Tod des hl. Stanisław, dem wichtigsten Schutzheiligen des Landes. Er soll dort, wo die Kirche steht, geköpft worden und sein Körper in den nahe liegenden Brunnen geworfen worden sein. Da das Wasser danach heilende Kraft entwickelt haben soll, wurde der Brunnen zum

Sommernächte mit besonderem Flair: im angesagten Ausgehviertel Kazimierz

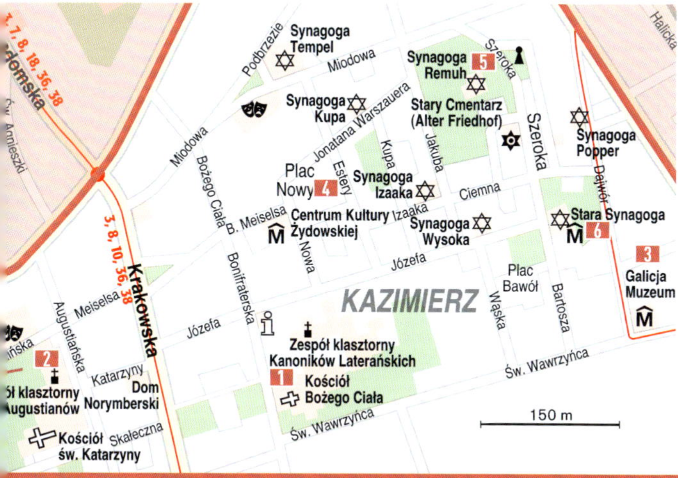

KAZIMIERZ

1 Kościół Bożego Ciała
2 Kościół Paulinów na Skałce
3 Muzeum Galicja
4 Plac Nowy
5 Synagoga Remuh
6 Synagoga Stara

Pilgerziel für Gläubige aus dem ganzen Land. Zu Ehren von Stanisław findet jedes Jahr am Sonntag nach dem 8. Mai eine feierliche Prozession statt, die am Dom – wo sich das Grab des Heiligen befindet – beginnt und an der Paulinerkirche endet. *Tgl. 6–20 Uhr, außer zu Messezeiten | ul. Skałeczna 15*

Insider Tipp

3 MUZEUM GALICJA (GALIZISCHES MUSEUM) [112 C3]

Das private Museum ruft zum Gedenken an die Opfer des Holocaust auf. Dafür werden die Spuren jüdischen Lebens in Galizien dokumentiert, besonders in der Ausstellung „Traces of Memory" des Fotografen Chris Schwarz, dessen Aufnahmen auf eine Reise durch die östlichen Gebiete des heutigen Polens und der Ukraine mitnehmen. Neben einem Café existiert auch ein sehr gut sortierter Buchladen mit Publikationen zum Thema Galizien und jüdische Geschichte. *Tgl. 10–18 Uhr | Eintritt 12 Pln | ul. Dajwór 18 | www.galiciajewishmuseum.org*

4 PLAC NOWY (NEUER PLATZ) [112 B3–4]

Der Platz hat bis heute seine Handelsfunktion behalten, obwohl sich das Warenangebot gewandelt hat: In seiner Mitte steht die Halle Okrąglak, in der sich bis 1939 ein koscheres Geflügelschlachthaus befand. Das geschächtete Fleisch wurde dann auf dem Markt verkauft. Jeden Tag findet auf dem Platz ein Viktualien- und Blumenmarkt statt und am Wochenende ein Flohmarkt, auf dem in erster Linie Kleidung, Taschen und

Insider Tipp

Schmuck (auch Designerware zu sehr guten Preisen) angeboten werden. Am Samstag finden Sie außerdem Antiquitäten, darunter auch viele alte jüdische Silberwaren. ▶▶ Rund um den Platz gibt es unzählige Restaurants und Kultkneipen wie etwa das *Alchemia,* die im Sommer unter freiem Himmel servieren.

5 SYNAGOGA REMUH (REMUH-SYNAGOGE) ★ [112 C3]

In Kazimierz sind alle sieben Synagogen erhalten geblieben, aber die Remuh-Synagoge aus dem 16. Jh. ist die einzige, in der noch am Schabas (also am Freitag nach Sonnenuntergang und am Samstag) und an anderen jüdischen Festen Gottesdienste abgehalten werden. Ihr Inneres ist sehr schlicht und unverziert und entspricht dem Verbot im Alten Testament, in der Kunst Schmuckmotive aus der lebendigen Welt zu entlehnen. Die orthodoxe Aufteilung in getrennte Bereiche für Männer und Frauen ist architektonisch auch heute noch zu sehen, wird von der liberalen Krakauer Gemeinde aber nicht mehr berücksichtigt.

Die Remuh-Synagoge ist die einzige Krakaus, in der noch Gottesdienste gefeiert werden

Der angrenzende *Alte jüdische Friedhof (Stary Cmentarz)* wird heute nicht mehr genutzt – die Beisetzungen finden auf dem Neuen Friedhof statt –, ist aber wegen der vielen alten Grabsteine sehr sehenswert. Das größte Grabmal ist das von Iserles Remuh, der von seinen Glaubensbrüdern wie ein Heiliger verehrt wird. Remuh war im 16. Jh. der Rabbiner der Gemeinde und ein *Zaddik,* ein besonders hoch angesehener Mann im Chassidismus, einer eigenen Strömung im Judentum. Die Juden aus aller Welt pilgern zu seinem Grab, denn dort sollen ihre Gebete garantiert erhört werden. Für den Besuch in der Synagoge und auf dem Friedhof müssen sich Männer die Köpfe bedecken – sollten Sie keine Mütze dabeihaben, so können Sie eine *kippa* kostenlos in der Synagoge ausleihen. *Mo–Do 9–16 (im Sommer bis 18 Uhr), Fr 9–15.30 (im Sommer bis 17.30 Uhr) | Eintritt 10 Pln | ul. Szeroka 40*

6 SYNAGOGA STARA (ALTE SYNAGOGE) [112 C4]

In der gotischen Synagoge, die in der Renaissance umgebaut wurde, befindet sich heute ein jüdisches Museum. Der Tempel stammt ursprünglich aus dem ausgehenden 15. Jh. und ist damit nicht nur die älteste Synagoge des Stadtteils, sondern ganz Polens. Schon von außen ist die traditionelle Aufteilung in einen Männer- und einen Frauenteil zu sehen, letzterer befindet sich in der vorn hinzugefügten Halle. Die Ausstellungsgegenstände des Museums erzählen die Geschichte des jüdischen Alltags, wie etwa Messer zum Schächten, Instrumente zum Beschneiden, Kronen und Glocken für die Tora. *Mo 10–14, Di–So 9–17 Uhr | Eintritt 10 Pln | ul. Szeroka 24*

AUSSERDEM SEHENSWERT

DOM MEHOFFERA (JÓZEF-MEHOFFER-HAUS) [106 C4]

Das Museum ist einem der größten Maler des Jugendstils gewidmet: Józef Mehoffer (1869–1946) kaufte das Geburtshaus von Stanisław Wyspiański, eine neoklassizistische Villa in

> KRAKAUER KÜNSTLERDUO

Veit Stoß und Stanisław Wyspiański prägten die Stadt

Zwei große Künstler haben Krakau zu völlig unterschiedlichen Zeiten geprägt, der eine im 15., der andere im 19. Jh. Veit Stoß kam 1477 von Nürnberg nach Krakau. Wo der Bildhauer und Maler sein Handwerk erlernte, ist ebenso wenig gesichert wie die Antwort auf die Frage, welche Werke er zuvor in Nürnberg schuf. Berühmt wurde er durch den monumentalen Hochaltar in der Marienkirche: Der 13 m hohe, 11 m breite Altar gilt als Meisterwerk der gotischen Schnitzkunst. Nach 19 Jahren verließ Stoß als angesehener Bürger Krakau und kehrte nach Nürnberg zurück, wo er sich mit zahlreichen weiteren Meisterwerken verewigte und schließlich 1533 starb. Die größte Künstlerpersönlichkeit des Fin de Siècle im 19. Jh. war Stanisław Wyspiański, ein vielseitiger Tausendsassa, der als Maler und Schriftsteller reüssierte, Möbel, ganze Innenausstattungen, Kulissen für seine Theaterstücke und Glasfenster wie die in der Franziskanerkirche entwarf. Die Natur, die einfache bäuerliche Wirklichkeit und die polnische Geschichte sind die Leitmotive seines Schaffens.

Nowy Świat, im Jahr 1932 und lebte hier mit seiner Familie bis zu seinem Tod. Das Haus mit seiner originalen Einrichtung, den Familienfotos und Andenken an den Künstler ist ebenso sehenswert wie dessen Bilder und Projekte, etwa die Glasfenster der Kathedrale in Freiburg. An das Haus grenzt der Insider Tipp Garten, in dem viele von Mehoffers Bildern entstanden – eine grüne Oase mitten in der Stadt. *Di–Sa 10–18, So 10–16 Uhr | Eintritt 6 Pln, So frei | ul. Krupnicza 26*

KOŚCIÓŁ JEZUITÓW (JESUITENKIRCHE) [109 E3]

Die monumentale, dreischiffige Basilika aus rotem Backstein mit ihrem 70 m hohen Turm wurde zwischen 1909 und 1921 im Stadtteil Wesoła gebaut. Architektonische Details und die Skulpturen an der Fassade sind aus hellem Stein oder aus Metall gegossen. Mit dem Bau gelang dem Architekten Franciszek Mączyński eine interessante Verbindung moderner Technologie – das Gewölbe ist aus Beton und Eisen – und Tradition, denn die Mosaiken erinnern an frühchristliche Kirchen. Besonders interessant ist das Innere: Die Gewölbe wurden mit Malerei und goldenen Mosaiken geschmückt. *Nur zu Messezeiten | ul. Kopernika 26*

MOGIŁA [U F3]

Im Mittelalter war Mogiła ein von Krakau unabhängiges Dorf, heute gehört es zum Stadtteil Nowa Huta. Keimzelle war auch hier eine Klostergründung: Um 1222 begannen Zisterziensermönche aus dem schlesischen Lubiąż (Leubus) mit dem Bau eines Klosters mit Kirche. Es entstand eine große dreischiffige Basilika mit jeweils zwei Kapellen auf jeder Seite der Altars, die im 14. und 17. Jh. umgebaut und barockisiert wurde. An die Kirche grenzt von Süden das Klostergebäude, das weiterhin von

Inspiration für Jugendstilkünstler: der kleine, feine Garten des Mehoffer-Hauses

Besonders eindrucksvoll in der Kirche Arche des Herrn: die riesige Jesus-Figur

Zisterziensern bewohnt wird und deshalb nicht betreten werden kann. Trotz der stilistischen Veränderungen haben die Kirche und das Kloster ihren mittelalterlichen Charakter bewahrt. Besonders kostbar sind das gotische Kreuz und die Malereien in der Kirche, die von Stanisław Samostrzelnik aus dem 16. Jh. stammen. *Tgl. 7–19 Uhr, außer zu Messezeiten | ul. Klasztorna 11*

Gegenüber der Abtei steht auf der anderen Staßenseite eine der ältesten Holzkirchen Polens: Die dreischiffige Hallenkirche *Kościół św. Bartłomieja (St.-Bartholomäus-Kirche)* wurde von den Zisterziensern für die Bevölkerung des Dorfs gebaut, denn die große Klosterkirche war den Mönchen vorbehalten. Das gotische Gotteshaus aus dem 15. Jh. wurde im 17. Jh. barockisiert und mit illusionistischer Malerei geschmückt. *Tgl. 7–19 Uhr, außer zu Messezeiten | ul. Klasztorna 12 | Straßenbahn 15: Klasztorna*

NOWA HUTA (NEUE HÜTTE) [U E–F2–3]

Nowa Huta wurde in der Nachbarschaft Krakaus 1949 als unabhängige Stadt gegründet. Sie sollte sowohl eine ökonomische wie auch eine politische Rolle erfüllen: Nach dem Zweiten Weltkrieg dachten die russischen Besatzer zum einen an eine kommunistische Vorzeigestadt, in der die Einwohner – die massenhaft aus den ländlichen Gebieten Polens nach Nowa Huta transportiert wurden – in modernen Wohnblocks aus Beton ihr Leben führen sollten. Zum anderen war Nowa Huta als Gegengewicht zum bourgeoisen, intellektuellen Zentrum Krakaus geplant, eine unabhängige Arbeiterstadt mit kompletter Infrastruktur – und integriertem Arbeitsplatz: Parallel mit dem Bau der ersten Häuser wurde das Lenin-Eisenhüttenkombinat hochgezogen.

Berühmt wurde Nowa Huta auch wegen der *Arche des Herrn (tgl. 6.30–18 Uhr, außer zu Messezeiten | ul. Obrońców Krzyża 1 | Bus 139:*

Arka), der ersten Kirche der sozialistischen Modellstadt. Die Bevölkerung kämpfte über zehn Jahre um die Erlaubnis, das religiöse Gebäude errichten zu können, vielen kosteten die Auseinandersetzungen das Leben. 1977 schließlich, nach weiteren zehn Jahren Bauzeit, wurde die Arche des Herrn vom damaligen Erzbischof Karol Wojtyła geweiht.

Ihre moderne Architektur erinnert an die berühmte Kapelle des Architekten Le Corbusier in Ronchamp. Das Gebäude in Nowa Huta hat die Form eines großen Boots mit dem Kreuz als Mast. Es wurde zum großen Teil aus runden, hellen Steinen gebaut, die von den Gläubigen selbst in Flüssen gesammelt wurden. Das Innere beeindruckt besonders durch die Dachkonstruktion aus Holz und das monumentale, aus Metall gegossene Kreuz mit der Jesus-Figur, das von der Decke bis zum Boden reicht. In das Tabernakel wurde ein Kristall eingesetzt, den die Besatzung von „Apollo 11" vom Mond mitbrachte.

Bis heute ist es nicht gelungen, Nowa Huta und seine 250 000 Ew. mit den restlichen Stadtteilen Krakaus zu verschmelzen – die kulturellen Unterschiede in der sozialen Struktur sind zu groß. Zumal das Arbeiterviertel mit hoher Arbeitslosigkeit zu kämpfen hat, nachdem das Stahlwerk privatisiert und ein großer Teil der Arbeiter entlassen wurde.

Die interessanteste Architektur des Viertels stammt aus den 1950er- und 1960er-Jahren und liegt am *pl. Centralny (Zentraler Platz),* von dem vier Hauptstraßen und eine Fußgängerallee *(Aleja Róż)* abgehen. Die Häuser, die hier stehen, haben einen neoklassizistischen Charakter, die Wohnungen sind groß und sonnig, in der Umgebung liegen weitläufige Parks. Ganz anders sieht die Architektur aus der späteren Phase (1970er- und 1980er-Jahre) aus: Schnell und billig gebaute, hohe, graue Wohnblöcke mit eingeplanten 8 m^2 Fläche pro Person prägen hier das Gesicht des Stadtteils. Die Entfernungen in Nowa Huta sind ziemlich groß, planen Sie für den Besuch mindestens einen halben Tag ein. *Straßenbahn 1 (Teatr Ludowy), 4 (Plac Centralny), 15 (Cystesów), Bus 139: Arka*

OGRÓD BOTANICZNY (BOTANISCHER GARTEN) [U C3]

Die schönste Zeit im Botanischen Garten ist der Sommer und der frühe Herbst, wenn die Lilien, Päonien und Iris blühen. Der Park mit seiner eigentümlich geheimnisvollen Atmosphäre stammt als Teil eines Schlossgartens aus dem Jahr 1783 und erstreckt sich auf einer Fläche von fast 10 ha. Den Grundstein legte die Fürstenfamilie Czartoryski, später ging das Gelände an die Jesuiten, die es wiederum an die Krakauer Universität verkauften. In einem klassizistischen Schlösschen wurde Ende des 18. Jhs. das astronomische Observatorium eingerichtet, gleichzeitig entstanden die ersten Gewächshäuser.

Im Gebäude der ehemaligen Sternwarte befindet sich heute das Botanische Museum. Neben der größten Sammlung von Orchideen in Polen begeistern die Alpinarien, die Wasserlilien, die auf den zwei Teichen blühen, und eine reiche Sammlung von Azaleen und Rhododendronsträuchern. Der älteste Baum ist eine

Insider Tipp

500-jährige Eiche. Am besten erreichen Sie die grüne Oase zu Fuß vom Marktplatz aus über die ul. Kopernika. *April–Okt. tgl. 9–19 Uhr, Palmenhäuser Sa–Do 10–18 Uhr | Eintritt 5 Pln | ul. Kopernika 27*

WOLA JUSTOWSKA [115 D4]

Interessant ist der schönste und exklusivste Bezirk der Stadt, der im 20. Jh. eingemeindet wurde, nicht nur wegen seiner Villen und Einfamilienhäuser mit ihrer extravaganten Architektur, sondern auch wegen seiner Lage: An der einen Seite grenzt er an den Las Wolski (Wolski-Wald), in dem sich der Zoo und viele Spazierwege befinden, und an der anderen an den Fluss Rudawa. Kein Wunder, dass Wola Justowska und seine grüne Nachbarschaft die beliebtesten Spaziergebiete der Krakauer sind.

Herrschaftlicher Eingang: die Decius-Villa

Die *Willa Decjusza (Decius-Villa)* ist ein weiterer Grund, Wola Justowska zu besuchen. Gebaut wurde sie im 16. Jh. von dem damaligen Besitzer des Gebiets, dem königlichen Sekretär Just Decius. Die Renaissancevilla lag als typische *villa suburbana* damals noch weit außerhalb der Stadt. Nach einem Umbau im 17. Jh. hat sie heute die Form eines Vierecks mit einer monumentalen Loggia. Obwohl Krakau im Lauf der Jahrhunderte um die Villa herumwuchs, hat sie sich ihren romantischen Charakter erhalten. Das Haus steht in einem 10 ha großen Park, es beherbergt ein luxuriöses Restaurant, im Sommer finden hier oft Konzerte der Stiftung „Dialog der Kulturen" statt.

Im Park befindet sich auch die Galerie des Krakauer Bildhauers Bronisław Chromy, der unter anderem die feuerspeiende Drachenskulptur an der Weichsel gegossen hat. Seine Werke lassen sich hier unter freiem Himmel bewundern, in der Galerie können Sie in einem kleinen Café bei einem leckeren Cappuccino neue Kräfte sammeln. *Nur bei Veranstaltungen zugänglich | ul. 28 lipca 1943 17a | www.villa.org.pl | Bus 152: Park Decjusza*

> GUTEN APPETIT BEI PIZZA UND PIROGGEN

Ob polnische oder internationale Küche, Krakau steht seit Jahrzehnten für kulinarische Abwechslung

> Natürlich können Sie in Krakau ganz hervorragend polnisch essen. Aber längst sind auch alle anderen Nationalitäten kulinarisch vertreten: Die Gastro-Welt ist bunt und alles andere als langweilig. Eine Tatsache, die sogar zu sozialistischen Zeiten galt: Schon damals hatte Krakau den Ruf einer kulinarischen Hochburg. Heute bedeutet gehobene polnische Küche, dass viel Fisch (Forellen, Karpfen) und Wild auf den Tisch kommen, Krebssuppe, Rehfilet oder Ente gehören ebenso zur polnischen Tradition wie *pierogi* (Teigtaschen) oder *gołąbki* (Kohlwickel). Außerdem ist die polnische Küche berühmt für ihre guten Suppen, *barszcz* (aus roten Rüben), *żurek* (Mehlsuppe) oder *zupa borowikowa* (Steinpilzsuppe) sind in jedem Restaurant zu bekommen. Die Polen essen sehr viel Fleisch – Schweine- und Kalbfleisch, aber auch Geflügel. Lamm wird meistens mit Kartoffeln

Bild: Restaurant Cherubino

ESSEN & TRINKEN

oder Reis serviert, in manchen Lokalen bekommen Sie auch die traditionelle Grütze dazu. Früher war Salat auf dem Teller eher eine Seltenheit, das hat sich mittlerweile geändert: Vegetarier müssen keinen Verzicht üben, selbst das Nationalgericht *pierogi* gibt es in fleischloser Version. Und als Sahnehäubchen auf dem feinen Essen – das meist nicht besonders teuer ist – entpuppt sich oft die Atmosphäre: Sehr viele Restaurants und Cafés befinden sich in renovierten gotischen Kellern. Und im Sommer wandern die Tische nach draußen, in romantische Innenhöfe oder an die belebte Straße. Da schmecken dann die berühmten polnischen Biere *Żywiec* oder *Okocim* besonders.

Dass Krakau kulinarisch so vielfältig ist, liegt auch an der Geschichte der Stadt. Koschere und süßsaure Spezialitäten stammen aus der jüdischen Küche, aus der Habsburger Zeit kommt alles, was böhmisch, ungarisch und österreichisch inspiriert ist – inklusive der mit viel Liebe gepflegten Kaffeehauskultur. Heute darf es aber auch spanisch, asiatisch, mexi-

geöffnet. Sie öffnen gegen 10 Uhr, in vielen Bistros wird ab 8 Uhr das Frühstück serviert. In den meisten Cafés bekommen Sie außer Getränken auch Kleinigkeiten zu essen:

Das Café Pożegnanie z Afryką ist das Mekka für alle Kaffeeliebhaber

kanisch, griechisch oder indisch sein, von den vielen italienischen Lokalen ganz zu schweigen. Ein leckerer Snack ist auch die polnische Version der Pizza: *zapiekanka* ist eine überbackene Baguettehälfte mit Zutaten wie Pilzen, Gemüse oder Schinken.

Die meisten, teuersten und besten Restaurants befinden sich im Zentrum und in Kazimierz. Die wichtigste Mahlzeit ist gegen 12 Uhr das Mittagessen, abends isst man zwischen 18 und 19 Uhr. Die meisten Restaurants sind bis spät in die Nacht und – falls nicht anders angegeben – täglich

pierogi, Pasta oder Salate. In polnischen Lokalen darf nach wie vor geraucht werden, meist finden sich aber Nichtraucherzonen.

CAFÉS & KONDITOREIEN

CAFÉ CAMELOT ▶▶ [108 C2]

Dieses Café war früher eine Galerie mit Folklorekunst, und vieles blieb, wie es war: Die Sammlung der naiven Gemälde des polnischen Malers Nikifor ist eine der größten im Land, außerdem finden sich typische Holzschränke, Vitrinen und handbemale Kästen wie in einer Bauernstube.

Tolle Salate, stadtbekannter Apfelkuchen und hausgemachte Liköre. Zwei Minuten vom Marktplatz in einer ruhigen Seitengasse. Draußen ist es auch sehr gemütlich. *Tgl. | ul. św. Tomasza 17 | Tel. 012/421 01 23*

CAFÉ MANGGHA [111 D4]

Im Gebäude des Japanischen Museums, mit einmaligem Blick auf den Wawel-Hügel von der Terrasse. Große Auswahl an Tees in traditionellen japanischen Gefäßen aus Ton und kleinen Tassen, japanisches Bier und Sauerkirschentarte. *Mo geschl. | ul. Marii Konopnickiej 26 | Tel. 012/267 27 03 | www.cafemanggha.pl*

Insider Tipp

JAMA MICHALIKA [108 C2]

Eines der ältesten Cafés (1895) der Stadt, mit originalem Jugendstilinterieur. Anfang des 20. Jhs. kamen viele Studenten der Kunsthochschule hierher, die mit ihren Bildern „bezahlten". Außer Torten auch kleine Gerichte. *Tgl. | ul. Floriańska 45 | Tel. 012/422 15 61 | www.jamamichalika.pl*

KAWIARNIA NOWOROLSKI [108 B3]

Im traditionellen, schicken Café im Wiener Stil können Sie in aller Ruhe einen der tollen Kuchen probieren, etwa die Torte aus drei verschiedenen Schokoladensorten. Draußen sitzen Sie direkt auf dem Marktplatz mit Blick zur Marienkirche. *Tgl. | Rynek Główny 1/3 | Tel. 012/422 47 71 | www.noworolski.com.pl*

Insider Tipp

NOWA PROWINCJA [108 B3]

Ein Kultcafé im Herzen der Stadt. Probieren Sie die Trinkschokolade und das Gebäck wie etwa den Schokoladenkuchen mit Schlagsahne oder die Zitronentarte. Im 1. Stock ist ein Raum für Nichtraucher, draußen sitzen Sie auf alten Schulbänken. *Tgl. | ul. Bracka 3–5 | Tel. 012/430 24 66 | www.nowaprowincja.krakow.pl*

POŻEGNANIE Z AFRYKĄ [108 C3]

Eine ganz besondere Adresse für Kaffeeliebhaber ist dieses Café: Unzählige Sorten des Bohnengetränks aus der ganzen Welt werden nicht nur serviert, sondern können auch gekauft werden. Hier bekommen Sie sogar den teuersten Kaffee der Welt – Kopi Luwak aus Indonesien –, von dem pro Jahr nur 300–400 kg produziert werden. *Tgl. | ul. św. Tomasza 21 | Tel. 012/421 23 39 | www.pozegnanie.pl*

Insider Tipp

MARCO POLO HIGHLIGHTS

★ Chimera
Riesige Auswahl an frischen Salaten – ein sommerlicher Genuss im schönen Innenhof, im Winter vor dem prasselnden Kaminfeuer (Seite 52)

★ Orient Express
Eine kulinarische Reise durch halb Europa mitten in Krakau, aber in stilechter Eisenbahnatmosphäre (Seite 55)

★ Carlito
Polnische und italienische Küche – toll zubereitet und wunderschön serviert mit Blick von der Dachterrasse (Seite 55)

★ Wentzl
Luxus pur in einem der besten Restaurants Krakaus! Einmalige Wildgerichte, toller Blick über den Marktplatz und wunderschöne Innenräume (Seite 54)

SŁODKI WENTZL [108 B3]
Von Kuchen und Torten bis zu besonderen Eiskreationen finden Sie hier die größte Auswahl an Desserts in der Stadt. Besonders schön ist es draußen mit Blick auf die Tuchhallen. Es gibt auch Eis zum Mitnehmen. *Tgl. | Rynek Główny 19 | Tel. 012/ 429 57 12 | www.slodkiwentzl.com*

Perfekt für hungrige Stadtnomaden: die polnische Pizza namens *zapiekanka*

EISDIELEN

ARGASIŃSCY
Hier zählt das Gewicht: Sie zahlen das traditionell zubereitete Eis nicht pro Kugel, sondern nach Gramm: 50, 100, 150 g. *Zwei Filialen: tgl. | ul. św. Jana 5 (mit Café)* [108 B2] *und ul. Wiślna 8* [108 B3] *| Tel. 012/421 29 66*

GRYCAN [109 F6]
Seit 80 Jahren bietet das Familienunternehmen über 40 Eis- und viele Sorbetsorten an, von denen Sie vor allem das Orangenlikör-, Rosen- und Trüffeleis probieren sollten. Sie müssen aber nicht – ganz einfach nur Kaffee trinken ist auch perfekt. *Tgl. | ul. Podgórska 34 (Galeria Kazimierz) | Tel. 012/433 01 53 | www.grycan.pl*

PRACOWNIA CUKIERNICZA STANISŁAW SARGA [109 E6] Insider Tipp
Nur sechs verschiedene Sorten Eis hat der Miniladen, in dem die Zeit stehengeblieben zu sein scheint, im Angebot. Aber vielleicht sind es gerade deswegen die besten gefrorenen Leckerbissen der Stadt. Schokoladeneis mit ganzen Schokoladenstücken oder Erdbeereis mit ganzen Erdbeeren – köstlich! Nicht selten muss man an der Theke Schlange stehen. *So geschl. | ul. Starowiślna 83 | Straßenbahn 13: św. Wawrzyńca*

IMBISS

CAFÉ BOTANICA [108 B4]
Außer Kaffee und Kuchen auch eine große Auswahl an Salaten, Tartes, Toasts und Brötchen. Im Innenhof befindet sich eine nette Orangerie mit Glasdach, in der Sie besonders schön sitzen. Insider Tipp *Tgl. | ul. Bracka 9 | Tel. 012/ 422 89 80 | www.cafebotanica.pl*

CHIMERA ★ [108 B3]
Die Salate, die Sie an der Theke selbst zusammenstellen, kosten als kleine

Portion 4 Pln und als große 6 Pln. Im Sommer essen Sie im Garten im Innenhof, im Winter am Kamin in den gotischen Kellern. Der Brennnesselsaft ist nur einer von vielen Sorten, dazu Gerichte vom Grill und Suppen. *Tgl. | ul. św. Anny 13 | Tel. 012/292 12 12 | www.chimera.com.pl*

DYNIA [106 C4]
Kleine Gerichte: Frühstück, Lunch und Abendessen. Viele Salate und ein Fitnessmenü. Im Sommer schöner Garten im Innenhof. *Tgl. | ul. Krupnicza 20 | Tel. 012/430 08 38*

GREEN WAY [108 C3]
In der vegetarischen Bar ist vor allem mittags sehr viel los, wahrscheinlich, weil das Essen sehr gut und preiswert ist *(Mittagsmenü ab 15 Pln)*. Besonders empfehlenswert sind die Milkshakes, der Karottenkuchen und *kwas chlebowy*, ein Getränk, das bei der Produktion von Vollkornbrot entsteht. *Tgl. | ul. Mikołajska 14 | Tel. 012/ 431 10 27 | www.greenway.pl*

Insider Tipp

PIEROŻKI U VINCENTA [112 A4]
Über 30 verschiedene *pierogi* – von klassisch bis exotisch, mit Ananas gefüllt oder italienisch mit Basilikum und Tomaten. Probieren Sie *kreplach* (Teigtaschen mit Fleisch, Kartoffeln oder Kraut), eine jüdische Spezialität, und *pielmieni*, eine russische Köstlichkeit mit Fleischfüllung. *Tgl. | ul. Józefa 1 | Tel. 012/430 68 34 | Straßenbahn 8: pl. Wolnica*

PIZZERIAS

BANOLLI [112 B4]
Lokal mit moderner, einfacher Ausstattung für ein junges Publikum. Sehr günstige Pizzas, auch Lieferservice, viele Sonderangebote: Die zweite Pizza ist z. B. um 60 Prozent billiger. Mehrere Filialen. *Tgl. | pl. Wolnica 10 | Tel. 012/432 11 22 | Straßenbahn 8: pl. Wolnica*

TRZY PAPRYCZKI [108 B4]
Rustikal eingerichtetes Lokal mit italienischer Atmosphäre und über 20 verschiedenen Pizzasorten. Auch Antipasti, Fleisch vom Grill, Pasta und Salate. *Tgl. | ul. Poselska 17 | Tel. 012/292 55 32 | www.trzypapryczki.krakow.pl*

RESTAURANTS €€€

ANCORA [108 C4]
Fusion aus Tradition und ganz moderner Küche, in der nur beste und frische Zutaten verarbeitet werden. Tolles Ambiente mit einmaligem Blick auf die Dominikanerkirche. Manche Geschmackskombinationen

>LOW BUDGET

- Mittags werden oft *Tagesmenüs (danie dnia)* angeboten, die deutlich preiswerter sind als die Gerichte auf der Abendkarte. Ab 15 Pln
- Vor allem bei Studenten sehr populär sind die *Milchbars (bar mleczny)*. Hier orientieren sich die Preise für Suppen, Salate und einfache Fleischgerichte am kleinen Geldbeutel der Besucher. *Bar pod Temidą | ul. Grodzka 43*
- Der günstigste und schnellste Weg, den knurrenden Magen ruhigzustellen, führt in die ul. Floriańska und ul. Grodzka. Dort finden Sie jede Menge *Kebapstände*, auch vegetarische. *Ab 10 Pln*

sind auf den ersten Blick ungewöhnlich, aber ein Genuss – überzeugen Sie sich selbst: Hering in Steinpilzsauce oder Schokoladensoufflé mit Schimmelkäse. Über 400 Weine in großen Vitrinen im Keller. *Tgl.* | *ul. Dominikańska 3* | *Tel. 012/430 20 45* | *www.ancora-restaurant.com*

CYRANO DE BERGERAC [108 B2]
Elegantes Restaurant in einem gotischen Keller mit hauptsächlich französischer Küche: Lammkotelett mit Rosmarin oder Rehfilet. Gute internationale Weine. *So geschl.* | *ul. Sławkowska 26* | *Tel. 012/429 54 20* | *www.cyranodebergerac.pl*

FARINA [108 C2]
Das beste Fischrestaurant in Krakau bietet von Insider Tipp Donnerstag bis Sonntag fangfrische Meerestiere, etwa Garnelen und Krabben in Knoblauchsauce oder Thunfischcarpaccio. Auf der Karte finden sich aber auch Gerichte ohne Fisch, z. B. Salat mit Ente in Himbeersauce oder Spargelgerichte. *Tgl.* | *ul. św. Marka 31* | *Tel. 012/422 16 80* | *www.farina.krakow.pl*

HAWEŁKA – RESTAURACJA TETMAJEROWSKA [108 B3]
Seit 1876 verwöhnt das Restaurant mit exklusiven polnischen und internationalen Speisen in original Fin-de-Siècle-Ausstattung – selbst bei den Möbeln. Im Treppenhaus hängen Bilder der polnischen Jugendstilmaler Wyspiański, Tetmajer und Stanisławski. Große Auswahl an Wildgerichten (Wildschweinconsommé) und Fisch (Lachsparfait). Im Erdgeschoss befindet sich die etwas günstigere Variante des Restaurants, das eine ganz besondere Steinpilzsuppe in Brot auf der Karte stehen hat. In der Eingangspassage liegt die *Hawełka-Konditorei* für Süßes zum Mitnehmen. *Tgl., Restaurant im ersten Stock wird auf Wunsch geöffnet (ab 10 Gäste)* |

> GOURMETTEMPEL
Wo vor Jahrhunderten schon die Könige speisten

WENTZL ★ [108 B3]
Seit über 200 Jahren eins der besten Restaurants der Stadt, direkt am Marktplatz in einem gotischen Bürgerhaus, in dem viele Details (Renaissancedecken) erhalten sind. Reservieren Sie einen Tisch am Fenster, der Blick ist phantastisch. Empfehlenswert: Wildgerichte wie Wildschweinkotelett in Rotwein-Pilz-Sauce oder Entenbrustfilet mariniert in *Żubrówka*, einem Wodka. Große Weinauswahl. *Hauptgericht mit Fleisch (Ente, Kalb) oder Fisch ab 56 Pln* | *Rynek Główny 19* | *Tel. 012/429 57 12* | *www.wentzl.pl*

WIERZYNEK [108 B3]
Im berühmtesten Restaurant der Stadt aßen nach der Legende schon die Könige im 14. Jh. – ein kulinarisches Erlebnis, das sich bis heute lohnt. Auf drei Etagen werden polnische und internationale Spezialitäten serviert, die besten Plätze sind direkt am Fenster mit Blick auf den Marktplatz. Besonders zu empfehlen: Krebssuppe, Gänseleber mit Birne oder Karpfen auf jüdische Art. Am Abend Reservierung notwendig. *Hauptgericht ab 52 Pln* | *Rynek Główny 15* | *Tel. 012/42 49 00* | *www.wierzynek.com.pl*

Rynek Główny 34 | Tel. 012/ 422 63 24 | www.hawelka.pl

ORIENT EXPRESS ★ **[108 C4]**
Eine kulinarische Reise durch all jene Länder, durch die der legendäre Zug gefahren ist. Die Essecken sind wie Zugabteile dekoriert. Auf der Karte: Zander mit Tomaten, Anchovis und Kapern, Truthahn in Honig-Bier-Sauce, Ente mit Zimt und Anis oder eine ungarische Gulaschsuppe. Köstliche Desserts und Weine. *Tgl. | ul. Stolarska 13 | Tel. 012/422 66 72 | www.orient-express.krakow.pl*

SZARA **[108 B3]**
Restaurant in einem mittelalterlichen Bürgerhaus mit gotischem Gewölbe, verziert mit Jugendstilfresken. Internationale Küche der Luxusklasse: *raraka* (Kartoffelpuffer mit Kaviar, saurer Sahne und Zwiebel), Rentiertatar mit Meerrettich oder Lachstatar mit Kapern. Zwischen 12 und 15 Uhr gibt es Lunch zum günstigeren Preis. Im Sommer Tische auch draußen mit schönem Blick auf die abends beleuchtete Marienkirche. Im zweiten Raum eine Bar mit sehr guten Cocktails. *Tgl. | Rynek Główny 6 | Tel. 0609/54 46 29 | www.szara.pl*

RESTAURANTS €€

CARLITO ★ **[108 C3]**
Eins der besten italienischen Restaurants für Pasta, Fleischgerichte und Pizza. Besonders lecker sind die Suppe aus Tomaten und grünen Erbsen, die *gnocchi peperoncino* und die Fleischgerichte. Terrasse auf dem Dach mit schönem Blick. *Tgl. | ul Floriańska 28 | Tel. 012/429 19 12 | www.restauracjacarlito.pl*

Gastlich seit 200 Jahren: Restaurant Wentzl

CHERUBINO **[108 C2]**
Hier werden die italienischen oder polnischen Fleisch- und Fischgerichte ganz frisch in einem großen Holzofen über dem offenen Feuer zubereitet – auch die Leber mit Preiselbeeren und Apfel. Rustikales Ambiente. *Tgl. | ul. św. Tomasza 15 | Tel. 012/429 40 07 | www.cherubino.pl*

CHŁOPSKIE JADŁO **[112 A3]**
Hier wird polnische Küche in ländlich-rustikaler Version serviert: zwar schwer und fett, aber trotzdem sehr lecker. Das Restaurant ist eingerichtet wie eine alte Bauernstube, mit alten Tischen und Betten, die zu Sitzgelegenheiten umgebaut wurden. Als Appetizer werden Schmalzbrote mit sauren Gurken gereicht, danach können Sie sich z. B. ein Schweineschnitzel mit Pflaume und Knoblauch gönnen oder einen Salat mit frischen Zutaten

vom Büfett. *Tgl.* | *ul. św. Agnieszki 1* | *Tel. 012/421 85 20* | *www.chlopskiejadlo.pl*

KLEZMER HOIS **[109 D6]**

Ein jüdisches (kein koscheres!) Restaurant, das im Gebäude eines ehemaligen rituellen Bads untergebracht ist, im Keller finden Sie noch Reste der Badebecken. Eingerichtet ist das Lokal wie ein bürgerliches Esszimmer Anfang des 20. Jhs. mit alten dunklen Möbeln und gestickten Tischdecken. Spezialität des Hauses: Truthahn in Honigsauce. Insider Tipp Am Wochenende oft Klezmerkonzerte. *Tgl.* | *ul. Szeroka 6* | *Tel. 012/411 12 45* | *www.klezmer-hois.cracow.pl* | *Straßenbahn 13: ul. Miodowa*

PIRI-PIRI **[U A3]**

Portugiesische und polnische Küche: *piri-piri*-Hähnchen (scharf!), gegrillte

> SPEZIALITÄTEN

Genießen Sie die typische polnische Küche!

barszcz – Suppe aus roten Rüben, mit Ei, Kartoffeln oder Kroketten (entweder in Form von kleinen, mit Fleisch gefüllten Ravioli oder zusammengerollten

Palatschinken mit Fleisch gefüllt, dann aber auf einem Extrateller serviert). Auch ein typisches Weihnachtsgericht, zusammen mit kleinen Teigtaschen mit Sauerkrautfüllung (Foto)

bigos – Eintopf mit Fleisch (alle möglichen Sorten), Wurst, Sauerkraut und manchmal mit Pilzen. Die Luxusversion wird mit Rotwein serviert

gołąbki – in Krautblätter gewickelte Füllung aus Reis und Fleisch, auch als vegetarische Version mit Reis und Champignons üblich. Serviert in Tomaten- oder Champignonsauce

pierogi – große Teigtaschen mit verschiedenen Füllungen. *Pierogi ruskie:* mit Füllung aus gekochten Kartoffeln und Quark, *pierogi z mięsem:* mit Fleisch, *pierogi z kapustą i grzybami:* mit Sauerkraut und Pilzen. In der Saison auch mit Erdbeeren *(z truskawkami)* oder mit Pflaumen *(z śliwkami)*

rosół – Fleischbouillon mit Nudeln, wird meist am Sonntag serviert

sernik – Käsekuchen

Noch nie georgische Küche probiert? Dann nichts wie hin ins Gruzińskie Chaczapuri

Sardinen, *caldo-verde*-Suppe und Schokoladensoufflé mit Zimt. *Tgl. | ul. Na Błoniach 7 | Tel. 012/426 02 24*

POD ANIOŁAMI **[108 B4]**
Fleisch vom Grill, Pasteten (Hasenpastete mit Preiselbeeren), Ente mit Apfel, dazu dunkles Vollkornbrot, Rotkohl und saure Gurken: allerfeinste polnische Küche also, serviert in einem gotischen Keller oder im Sommer bei Kerzenlicht im kleinen Garten im Innenhof. Gute Weinkarte und polnischer Trinkhonig. *Tgl. | ul. Grodzka 35 | Tel. 012/421 39 99 | www.podaniolami.pl*

RESTAURANTS €

GOSPODA KOKU **[108 B3]**
Das einfach eingerichtete Lokal serviert solide polnische Küche. Mittagsmenü mit hausgemachtem Kompott ab 12 Pln. *Tgl. | ul. Gołębia 8 | Tel. 012/430 21 35*

GRUZIŃSKIE CHACZAPURI
In diesem Lokal können Sie Spezialitäten der georgischen Küche probieren, etwa Grillfleisch mit Reis mit verschiedenen Saucen. Spezialitäten: *lavasz* (gewürztes Fleisch in einer Art Tortilla), *inhali* (große Teigtaschen, gefüllt mit rohem Fleisch, das im Teig gekocht wird). Außerdem Kinderportionen und gute Weine aus Georgien. *Tgl. | ul. Floriańska 26* **[108 C2]** *| Tel. 012/429 11 31; ul. Sienna 4* **[108 B–C3]** *| Tel. 012/429 11 66; ul. Św. Anny 4* **[108 A–B3]** *| Tel. 012/422 61 28 | www.chaczpuri.pl*

KOLANKO NUMER 6 **[112 B3]**
In ruhiger Atmosphäre können Sie hier alle Arten von Palatschinken genießen: Spinat und Feta, Fleisch mit Curry, Apfel und Zwiebel oder süß mit Quark und Vanillesauce. *Tgl. | ul. Józefa 17 | Tel. 012/292 03 20 | Straßenbahn 8: pl. Wolnica*

POLAKOWSKI **[112 B3]**
Ein Selbstbedienungsrestaurant mit hausgemachten Gerichten nach polnischer Art. Die Auswahl an Suppen und Fleischgerichten ist groß. *Tgl. | ul. Miodowa 39 | Tel. 012/421 07 76*

> VERZAUBERT VOM FLAIR EINES URALTEN HANDELSPLATZES

Weltbekannte Marken und polnische Spezialitäten: von Bernsteinschmuck, moderner Kunst und exklusiver Mode

> Längst finden Sie in Krakau die Marken und Ketten, die auch alle anderen Städte der Welt prägen. Dennoch ist Shopping hier anders: In den vielen alten Häusern finden sich jede Menge Läden, in denen das Stöbern besonderen Spaß macht.

Die meisten Geschäfte liegen am Marktplatz und am Königsweg, in der ul. Floriańska und der ul. Grodzka. Hier finden Sie Delikatessläden, Schmuckgeschäfte, Schuhläden, aber auch jede Menge kleine und große Kunstgalerien oder Souvenirgeschäfte. In Kazimierz gibt es eher kleine moderne Galerien, Designerschmuckläden und natürlich den Flohmarkt am Sonntag. In Polen gibt es kein Ladenschlussgesetz, daher können Sie sich die ganze Woche über in den Shoppingtrubel stürzen *(allgemeine Öffnungszeiten S. 97)*.

Wenn Sie ein typisches Souvenir kaufen wollen, besuchen Sie eine der Bernsteinschmuckgalerien. Polen ist

Bild: Pasaż Hetmański

EIN KAUFEN

auch bekannt für gute Schnäpse wie den Wodka *Żubrówka*, *Krupnik (Honiglikör)* oder *Żołądkowa gorzka (Magenbitter)*. Kinder freuen sich über Wawel-Drachen oder traditionelles Holzspielzeug.

BÜCHER

BONA ★ [108 B5]

Viel mehr als ein Buchladen! Außer einer großen Auswahl an Postkarten, Bildbänden und gedruckten Führern durch die Stadt (auch auf Deutsch) gibt es hier auch guten Kaffee, Tee und Kuchen. Tische im Freien mit tollem Blick auf die Peter-und-Paul-Kirche. *ul. Kanonicza 11*

PASAŻ HETMAŃSKI [108 B3]

In der in einem mittelalterlichen Bürgerhaus gelegenen Passage gibt es neben Mode und Souvenirs vor allem eine reiche Auswahl an Büchern über Krakau, Postkarten und Briefmarken.

DELIKATESSEN

KREDENS KRAKOWSKI [108 B4]

Seit 1906 bekommt man hier Brot, Wurstspezialitäten, Marmelade, Honig, Tee, Kaffee, Süßigkeiten. Alles traditionell verpackt, also auch als Souvenir geeignet. *ul. Grodzka 7*

In der Galeria Gołogórski gibt es moderne polnische Kunst für das heimische Wohnzimmer

EINKAUFSZENTREN

GALERIA KAZIMIERZ [113 D–E3]

Beim Bau des schönsten Einkaufszentrums der Stadt wurden alte Backsteine früherer Gebäude in die neue Konstruktion integriert. Über 100 Geschäfte, Cafés, Restaurants und ein Multiplexkino. *ul. Podgórska 34* | *www.galeriakazimierz.pl* | *Straßenbahn 9, 11, 13: św. Wawrzyńca, dann zu Fuß 5 Min. an der Weichsel entlang*

GALERIA KRAKOWSKA [109 D1]

In diesem Einkaufszentrum finden sich auf rund 36000 m² über 270 Markengeschäfte aus den Sparten Sport, Mode und Kosmetik, außerdem Cafés und Restaurants. *ul. Pawia 5* | *www.galeria-krakowska.pl*

PASAŻ HANDLOWY 13 [108 B3]

Am Marktplatz entstand auf mehreren Etagen ein exklusives Kaufhaus als gelungene Verbindung von gotischer und Renaissancearchitektur mit einer modernen Konstruktion aus Metall und Glas. In diesem Ambiente sind Firmen wie Benetton, Sisley, Diesel oder Cerutti zu Hause, ebenso wie exklusive Delikatessen aus aller Welt und eine große Auswahl italienischer Weine. *Rynek Główny 13*

EINKAUFEN

KINDER

der Tipp

BAJO [108 B6]

Eine Kultadresse für Holzspielzeug, von winzig kleinen Figuren über Autos bis zu Holzpferden und Puppenwagen. Besonders hübsche Fingerpuppen in wunderschönen Kleidern. *ul. Grodzka 60*

BUKOWSKI [108 B3]

Ein Paradies für den Nachwuchs: Vom Boden bis zur Decke sitzen in alten Holzschränken über 400 kleine und große Plüschteddybären und andere Stofftiere. *ul. Sienna 1*

KUNSTGALERIEN

GALERIA GOŁOGÓRSKI ▶▶ [108 B4]

Die Galerie des Künstlers Marian Gołogórski bietet moderne polnische Malerei und Skulpturen aus Metall, Stein, Glas. *ul. Grodzka 29* | *www.gologorski.dt.pl*

JAN FELKIEL GALLERY [108 B5]

Hier finden Sie die größte Auswahl der Stadt an polnischer moderner Grafik und Zeichnung. Die Galerie unterstützt besonders junge Krakauer Künstler und organisiert viele Ausstellungen. *ul. Grodzka 65*

SOPOCKI DOM AUKCYJNY [108 B3]

Antiquitäten, Porzellan, Schmuck. Besonders interessant ist das Angebot an alter polnischer Malerei. *Rynek Główny 45* | *www.sda.pl*

SZALOM [112 B3]

Die erste Galerie in Kazimierz. Moderne polnische und israelische Künstler, Keramik und sehr interessanter Schmuck. *ul. Józefa 16*

MODE

OUTLET [108 B4]

Designerkleidung (Dolce & Gabbana, Versace, Bugatti, Furla) um bis zu 70 Prozent reduziert. *ul. Grodzka 27*

SIMPLE ★ [108 B4]

Zwei polnische Designer verkaufen Damenklassik mit moderner Note, schöne Sommer- und Abendkleider und klassische Kostüme. Sehr exklusiv: Pro Modell gibt es nur zwei oder drei Exemplare. *ul. Grodzka 18*

VISTULA [108 C3]

Herrenmode klassisch und sportlich. Besonders große Auswahl an Anzügen und Hemden, auch Schuhe, Socken und Gürtel. *ul. Sienna 5*

MARCO POLO HIGHLIGHTS

★ Rona
Spezielle Adresse für Bücher- und Kaffeeliebhaber. Wunderschöne Bildbände zu Krakau und Polen (Seite 59)

★ Simple
Mode modern und klassisch, individuell designt und in ganz kleinen Stückzahlen produziert – eine Garantie, dass nur Sie so ein Kleid haben! (Seite 61)

★ Ambra Stile
Besonderer Schmuck nicht nur aus Bernstein. Mit ein bisschen Glück und Stöbern bekommen Sie sogar Einzelstücke (Seite 62)

★ Wedel
Handgemachte Pralinen, Trinkschokolade und beste Desserts – einfach ein Genuss! (Seite 63)

SCHMUCK

A&S

Bernstein in allen Ausführungen, als Schmuck, Löffel, Schachspiel, Manschettenknöpfe. Im Sortiment ist nur echter Naturbernstein mit Zertifikat. Etwas Besonderes ist der Schmuck aus gestreiftem Feuerstein aus Sandomierz. *ul. Sienna 1* [108 C3] | *ul. Grodzka 29* [108 B4]

Insider Tipp

AMBRA STILE ★ [108 B4]

Italienischer Silberschmuck mit Halbedelsteinen, auch Silberschmuck mit Bernstein und selbst gefertigte Einzelstücke. *pl. Dominikański 2*

BLAZKO JEWELLERY [112 B3]

Das äußerst ansprechende Markenzeichen der Galerie von Grzegorz Błażko ist schwarz-weiß verzierter Silberschmuck. *ul. Józefa 11*

SCHUHE & TASCHEN

DE MEHLEM [108 B4]

Seit 1912 verkauft der Laden handgemachte Taschen und Lederkleidung. Auch Taschen der polnischen Firma Batycki mit Bernsteinapplikationen. *ul. Grodzka 43*

GINO ROSSI [108 B3]

Trendige Schuhe und Taschen aus bestem Leder im italienischen Stil für die ganze Familie. *ul. Szewska 4*

WITTCHEN [113 E3]

Ledertaschen, Etuis, Handschuhe, Reisegepäck, Jacken und Schirme. *ul. Podgórska 34 | Galeria Kazimierz*

SOUVENIRS

BROKAT [108 B3]

Besonderes aus Stoff: Engel, Puppen, handgemachte Kissen und Teekan-

Dass fossiles Harz so schön sein kann: Bernsteinschmuck, so weit das Auge reicht

nenwärmer. Auch viele Stücke von Studenten der Krakauer Kunsthochschule. *Rynek Główny*

GALERIA [108 B5]
Kleine Souvenirs aus Glas, Keramik, Ton und Holz, das meiste handgemacht von Krakauer Künstlern. Besonders interessant sind handbemalte Möbel. *ul. Grodzka 60*

GALERIA D'ART NAIV [112 B3]
Traditionelle naive Kunst wie Glasmalerei, Holzskulpturen und Malerei. Der Besitzer ist der größte Sammler dieser Kunst in Polen. *ul. Józefa 11*

GALERIA OSOBLIWOŚCI [108 B2]
Für alle, die besondere Einzelstücke suchen: Designerschmuck, Muscheln, Mineralien, aber auch Gemälde und Möbel. *ul. Sławkowska 16*

SUKIENNICE (TUCHHALLEN) [108 B3]
Die größte Auswahl an Andenken aus Krakau. Schmuck, Holzerzeugnisse, Ledertaschen, Trachten, Keramik und Glas. *Rynek Główny 2*

SPIRITUOSEN

R7 [108 B3]
Hier bekommen Sie nicht nur Spirituosen, sondern auch Süßigkeiten, Zigaretten und Zigarren. *Rynek Główny 7*

SZAMBELAN [108 B4]
Zum gut sortierten Angebot gehören Liköre und Wodkas, aber auch Essig und Olivenöl in riesigen Glasflaschen. Die Spirituosen kann man vor Ort probieren und sich die gewünschte Menge abfüllen lassen. Probieren Sie auch den Rosen- oder Orange-Schokoladen-Likör. *ul. Gołębia 2*

SÜSSIGKEITEN

TORUŃSKIE PIERNIKI [108 B4]
Die berühmten Pfefferkuchen aus Thorn in Schokolade oder mit buntem Zuckerguss, in verschiedenen Farben und Größen. *ul. Grodzka 14*

WAWEL [108 B3]
Schokolade und eine große Auswahl an Pralinen. Spezialität: *śliwki w czekoladzie* – Pflaume in Schokolade. *Rynek Główny 32*

WEDEL ★ [108 B3]
Das Muttergeschaft dieser Konditorei verkauft in Warschau schon seit 1851 handgemachte Pralinen, Schokolade und Bonbons. Spezialität: *torcik wedlowski* (Waffeln mit Schoko- und Nusscremeschichten als runde Torte) oder *ptasie mleczko* (Pralinen aus Milchschokolade, gefüllt mit Sahnecreme). Probieren können Sie die Köstlichkeiten nebenan im Café, wo es eine große Auswahl an Desserts und Trinkschokolade gibt. *Rynek Główny 46*

>LOW BUDGET

- Jeden Sonntag findet im Stadtteil *Grzegórzki* ein Flohmarkt statt (während der Woche ein Lebensmittelmarkt). Hier finden Sie alle möglichen Kostbarkeiten zu fairen Preisen, von alten Radios bis zu Meissner Porzellan. *ul. Grzegórzecka | Straßenbahnlinie 1: Hala Targowa.*
- Das *Reserved* verkauft junge Mode für sie und ihn, dazu preisgünstige Taschen, Schuhe und Modeschmuck. Mehrmals im Jahr ist Ausverkauf mit bis zu 70 Prozent Preisnachlass. *ul. Floriańska 43*

> WUNDERBARE NÄCHTE AN DER WEICHSEL

Ob Klassik oder Disko, Jazz oder Klezmer, unter freiem Himmel oder in gotischen Kellern: Krakau schläft nur kurz

> Oper oder Theater, Jazz oder Klezmer, Kino, Konzert oder Club: Es gibt wenige Städte, in denen das Nachtleben so bunt und spannend ist wie in Krakau – und sich dabei seine ganz eigene Atmosphäre bewahrt hat.

Die Krakauer Philharmonie, die vielen Theater und die Opernbühne garantieren Unterhaltung auf hohem Niveau. Ebenso wie die klassischen Events unter freiem Himmel oder an besonderen Orten: der Arkadeninnenhof des Wawel-Schlosses etwa oder die vielen Krakauer Kirchen mit ihren geistigen und weltlichen Konzerten. In den Kirchen ist übrigens meist keine Heizung, nehmen Sie deswegen auch im Sommer immer einen dünnen Pullover mit.

Krakau ist aber vor allem auch bekannt für seine Jazzkonzerte. Der Ausnahmegeiger Nigel Kennedy lebt deswegen hier und tritt – neben seinen regulären Konzerten in der

Bild: Café im Pod Baranami

AM ABEND

Philharmonie – oft in Jazzclubs auf. Viele Pubs und Clubs sind nicht nur Musiklokale, sondern auch Restaurants, in manchen können Sie auch tanzen, die Trennlinien sind fließend. Die meisten Pubs liegen unter der Erde in schön renovierten Kellern, viele verfügen auch über einen Innenhof oder Garten.

Die trendigsten und jüngsten Clubs finden Sie in Kazimierz: Die ganze Gegend rund um den Plac Nowy ist voll von Cafés, Clubs und Pubs in alten, oft noch nicht vollständig renovierten Wohnhäusern und Kellern. Unterschiedliche Tische, alte Sofas, Kinosessel oder Schulbänke – das Kazimierz-Klima mit seiner guten Musik und dem jungen Publikum garantiert jede Menge Spaß bis in die frühen Morgenstunden. Und dazu kommt noch der allgegenwärtige künstlerische Hauch: Viele Locations zeigen Ausstellungen junger Künstler

Im Showtime, dem größten Musikclub der Stadt, gehören Livekonzerte zum guten Ton

oder moderne Theater- und Kabarettaufführungen.

In den Nachtschwärmer-Adressen im Zentrum geht es meist gesitteter zu als im Trendviertel Kazimierz. In der Altstadt kann es Ihnen passieren, dass Sie nach dem Ausweis gefragt werden oder am Türsteher scheitern, weil Sie nicht passend gekleidet sind. Die meisten Clubs und Kneipen sind am besten zu Fuß zu erreichen und liegen in der Gegend rund um den Rynek Główny. Frauen zahlen meist keinen Eintritt, Männer müssen mit einem Obolus von 20–30 Pln rechnen. Spät in der Nacht (ab 1 Uhr) kommen Sie meist kostenlos in die Clubs. Wenn Sie abends losziehen, sollten Sie nur das Nötigste an Geld und Wertsachen mitnehmen, denn in den meisten Lokalen ist am Wochenende sehr viel los. In wenigen Clubs liegt die Altersgrenze bei 21, in allen aber gilt: Alkohol und Zigaretten erst ab 18! In Krakau gibt es übrigens auch eine Menge schöner, kleiner Kinos, in denen alle Filme im Original mit polnischen Untertiteln laufen.

CLUBS & DISKOS

PROZAK ▶▶ [108 B4]

Eine typische Disko im Keller, mit drei Dancefloors, vier Bars und rotblauem Neonlicht. Die Location ist sehr beliebt beim jungen Publikum, das zur Musik der ausnehmend guten DJs tanzt: Funk, Disco, Elektro, House. *Tgl. ab 18 Uhr | pl. Dominkański 6 | www.prozak.pl*

PRZYCHODNIA TOWARZYSKA [108 C2]

Hier wird nicht nur auf den drei Floors getanzt, sondern auch auf der unendlich langen Theke der Bar, die mit ihren 88 Schubladen aussieht wie ein Apothekerschrank. Der Name des Lokals bedeutet auf Deutsch „Gesellschaftsrettungsdienst", der Spezialdrink heißt *Antidotum* und soll gegen Langeweile helfen. Diesen Zweck erfüllen auch die Themenpartys wie z. B. die Ibiza-Party, zu der Badeanzüge gern gesehen sind. Der Türsteher achtet auf anständige Kleidung der Gäste. *Mo–Sa ab 18 Uhr | ul. Floriańska 53 | www.przychodnia-towarzyska.pl*

House, Minimal oder Drum 'n' Bass. Eintritt ab 21 Jahren. *Tgl. ab 15 Uhr | pl. Szczepański 3*

SHOWTIME [108 B3]
Mit 300 Plätzen der größte Musik- und Tanzclub der Stadt. Toller Blick zu den Tuchhallen. Insider Tipp Im ersten Raum befindet sich ein kleiner Pub, in den drei großen Räumen gibt es entweder Livekonzerte *(ab 21.30 Uhr)* oder es wird zur Musik aus der Konserve getanzt: Pop, Rock, Funk. *Tgl. 18–4 Uhr | Rynek Główny 28*

REAKTYWACJA [108 B4]
Tanz- und Musikclub im Keller und im ersten Stock. Jeden Tag wird hier gechillt, aber auch zu House und Techno getanzt, dazu gibt's Events wie Karaoke oder Reggae Night. Montags und mittwochs kostet zur Happy Hour *(16–18 Uhr)* ein großes Bier nur 3 Pln. Nicht zu sportlich kleiden! *Tgl. ab 18 Uhr | ul. Grodzka 34 | www.reaktywacja.com.pl*

STALOWE MAGNOLIE ▶▶ [108 C2]
Gute Drinks und der Charakter eines Insidermusikclubs: Um reingelassen zu werden, müssen Sie klingeln. Drinnen herrscht Fin-de-Siècle-Atmosphäre mit gedämpftem Licht, gemütlichen Sofas und Baldachinbetten zum Sitzen. Freitag und Samstag wird getanzt, in der Woche und am Sonntag Konzerte *(ab 22 Uhr)*. Gehobenes Publikum. *Tgl. ab 18 Uhr | ul. św. Jana 15 | www.stalowemagnolie.com*

ROENTGEN [108 B2]
Ganz einfache Ausstattung, aber gute Musik (Do–Sa) von den besten DJs:

VOODOO MUSIC CLUB [108 C3]
Ein Club mit futuristischer Ausstattung in alten gotischen Kellerräumen:

MARCO POLO HIGHLIGHTS

★ **Piano Rouge**
Nicht nur das Interieur gibt sich luxuriös, komplett mit rotem Teppich. Auch der Jazz und die indische Küche sind vom Allerfeinsten (Seite 68)

★ **Alchemia**
Krakauer Kultlocation: kein elektrisches Licht, altes Mobiliar und ein traumhafter Apfelkuchen! (Seite 69)

★ **Baraka**
Starten Sie im Innern dieses Raumschiffs (und mit einem Drink in der Hand) in die Zukunft (Seite 70)

★ **Filharmonia Krakowska**
Symphonien, Orgel- oder Jazzkonzerte: Eines der besten Orchester des Landes beherrscht alle Spielarten der Musik (Seite 71)

Glaswände violett beleuchtet, große Ledersofas und ein Dancefloor, den DJs mit Disco, Funk und Pop beschallen. *Tgl. ab 18, Happy Hour 18–20 Uhr | ul. Floriańska 6*

INDIGO [108 C2]
Jazzlokal in Kellerräumen für gehobenes Publikum. An den Wänden Schwarz-Weiß-Fotos, große Holzbar, sehr lange Drinkliste. Auf der Konzertbühne im großen Raum gibt's ab 21 Uhr Livejazz und Rockkonzerte. Im Raum nebenan ein riesiger Bildschirm, auf dem Fußballübertragungen zu sehen sind. *Mo–Fr ab 14, Sa/So ab 16 Uhr | ul. Floriańska 26*

Jazz, Jazz und nochmals Jazz: In Harris Piano Jazz Bar schallt nichts anderes aus den Boxen

JAZZ

HARRIS PIANO JAZZ BAR ▶▶ [108 B3]
Wer hier vorbeischaut, ist in einem der populärsten Jazzclubs der Stadt gelandet. Mehrmals in der Woche finden Livekonzerte statt *(ab 21 Uhr)*: Dienstags ist traditioneller Jazz angesagt, donnerstags Jam Session, freitags Blues und am Samstag dann Konzerte internationaler Berühmtheiten der Jazzszene. Gute Drinks und eine große Auswahl an Bier werden an einer der längsten Bars der Stadt ausgeschenkt. *Tgl. 21–2 Uhr | Rynek Główny 28 | www.harris.krakow.pl*

PIANO ROUGE ★ [108 B3]
Dieser Jazzclub bietet seinen Gästen eine Luxusausstattung mit roten Teppichen, Lüstern und gemütlichen Sofas. Hier wird nicht nur guter Livejazz *(ab 21 oder 22 Uhr)* gespielt, sondern es werden auch abwechslungsreiche Spezialitäten aus der indischen und

polnischen Küche serviert. *Tgl. ab 11 Uhr | Rynek Główny 46 | www.thepianorouge.com*

PIEC ART [108 B3]

In diesem wunderbar renovierten gotischen Keller können Sie jeden Mittwoch und Donnerstag ab 20.30 Uhr Jazzkonzerte hören und dabei Gutes essen und trinken. Spezialität: Fischsuppe. Die Bar wurde in einen großen, teilweise mit Kacheln ausgelegten Ofen hineingebaut, daher der Name *piec* (Ofen). Große polnische Jazzmusiker geben sich die Ehre und wechseln sich mit Stars internationalen Formats ab. Eintritt ab 21 Jahren. *Tgl. ab 15 Uhr | ul. Szewska 21 | www.piecart.pl*

KINOS

ARS [108 B2]

Fünf Kinoräume unter einem Dach, darunter ein Kinocafé *(kiniarnia)*, wo Sie während des Films an einer Bar Getränke bestellen können. Die Filme werden im Original gezeigt. *ul. św. Jana 6 | www.ars.pl*

POD BARANAMI ▶▶ [108 B3]

Die drei klimatisierten Kinoräume befinden sich in einem ehemaligen Palast direkt am Marktplatz. Mehrmals im Jahr gehören thematische Programme zum speziellen Angebot des Kinos, z. B. Woche des spanischen oder afrikanischen Kinos. Im ersten Stock befindet sich ein kleines Café. Filme in der Originalsprache. *Rynek Główny 27 (Pałac Pod Baranami) | www.kinopodbaranami.pl*

Insider Tipp

KNEIPEN & PUBS

ALCHEMIA ★ ▶▶ [112 B3]

Kultpub in Kazimierz: Über der Bar hängt ein ausgestopftes Krokodil und in den nächsten Raum gelangen Sie durch einen Schrank. Drinnen gibt es kein elektrisches Licht, nur Kerzen, die Wände sind unverputzt, man sitzt

> ENTSPANNEN & GENIESSEN

Auszeiten im Paddelboot und bei asiatischer Wellness

Städtereisen sind anstrengend, regelmäßige Pausen angesagt. Eine *Tour auf der Weichsel im Paddelboot* etwa hat gleich zwei wunderbare Effekte: Sie sehen Krakau aus einer völlig neuen Perspektive – und können sich auf dem Wasser an einem warmen Sonnentag so richtig entspannen *(Mai–Mitte Sept. tgl. 10 Uhr bis zur Dunkelheit | 20–30 Pln/Stunde | ul. Kościuszki 16)*. Entspannung ist auch in *Kryspinów* angesagt. 18 km westlich von Krakau an der A4 warten im Grünen eine Handvoll künstlicher Seen zum Baden, Paddeln, Plantschen oder Windsurfen *(Eintritt 7 Pln, Parkplatz 5 Pln | www.kryspinow.com.pl | Bus 209: Kryspinów Zalew)*. Und eine echte Wellnessadresse schließlich ist das *Farmona Wellness & Spa* im gleichnamigen Hotel: Ob alleine oder zu zweit, hier können Sie sich nach einem langen Tag bei Wellnessanwendungen aus Bali und Hawaii verwöhnen lassen: Massagen mit heißen Steinen und duftenden Ölen, dazu aromatische Bäder. *Mo 14–21, Di–Fr 10–21, Sa/So 9–22 Uhr | ul. Jugowicka 10c | Tel. 012/252 70 20 | www.spakrakow.pl | Bus 244: Jugowicka*

KNEIPEN & PUBS

Zeitreise in die 1960er und 1970er: anheimelndes Retroambiente im Club Miejsce

an alten Tischen und auf wackelnden Stühlen. Dafür aber sind die Drinks gut und der Apfelkuchen schlicht sensationell. Im Keller finden Konzerte und Aufführungen von modernem Theater statt. Wenn Sie draußen sitzen, dann befinden Sie sich mitten im Herzen des jungen Kazimierz mit seinen unzähligen Kneipen und können das Treiben auf dem Plac Nowy beobachten. *Tgl. ab 10 Uhr | ul. Estery 5 | www.alchemia.com.pl*

BARAKA ★ [112 B3]

Hier fühlt man sich wie in einem Laboratorium aus der Zukunft oder in einem Raumschiff: viel Metall, rote Sessel und Stühle, blau und rot beleuchtete Bar. Im zweiten Stock ab 17 Uhr auch Ausstellungen junger Krakauer Künstler. *Tgl. ab 10 Uhr | Ecke pl. Nowy/ul. Warszauera*

CHILL OUT CLUB [108 C2]

Ein idealer Platz, wenn Sie sich am Nachmittag oder am Abend bei guter – nicht zu lauter – Musik entspannen wollen. Gute Drinks und Kleinigkeiten zum Essen, von Zeit zu Zeit Events wie Winterdisko (Party im winterlichen Innenhof) oder Shisha rauchen. Im Innenhof laden im Sommer gemütliche Sofas und eine Schaukel zum Relaxen ein. *Tgl. ab 12 Uhr | ul. św. Jana 15*

MIEJSCE [112 B3]

Speziell ist die Ausstattung in dieser Location, die dem Flair und der Atmosphäre der 1960er- und 70er-Jahre huldigt. An den Wänden hängen Originalplakate aus dieser Zeit, die jeden Monat ausgewechselt werden. Außer alkoholischen Getränken finden sich auch ganz unglaubliche Drinkkreationen auf der Karte, etwa Limonade mit Petersiliengeschmack. *Tgl. 10–22 Uhr | ul. Estery 1*

PAPARAZZI ▶▶ [108 C3]

Der Name ist Programm: An den Wänden und Decken finden sich Zeitungsausschnitte und Fotos von Models und Schauspielern aus der ganzen Welt, in einem der Räume läuft nonstop „fashion tv“. Zwischen

12 und 17 Uhr *lunch time*. Große Auswahl an Drinks zum kleinen Preis. *Mo–Fr 11–1, Sa/So 16–1 Uhr, Mo–Fr 16–20 Uhr Happy Hour | ul. Mikołajska 9 | www.paparazzi.com.pl*

PROPAGANDA [112 B2]
Hier herrscht durch und durch kommunistische Atmosphäre. Lenin grüßt von den Plakaten an den Wänden, die teilweise auch mit Toilettenpapier ausgekleidet sind. Viele gute Drinks, darunter auch die Spezialität: *wściekły pies,* eiskalter Trinkspiritus mit Tabasco und Himbeersaft. *Tgl. ab 12 Uhr | ul. Miodowa 20*

SINGER [112 B3]
Nomen est omen: Im ältesten Pub in Kazimierz wurden alte Singer-Nähmaschinen in Tische umgewandelt. Sie können auch unter freiem Himmel sitzen, große Auswahl an Alkoholika, auch Kaffee und Kuchen. *Tgl. ab 10 Uhr | Ecke ul. Izaaka/Estery*

WARSZTAT [112 B3]
Eine Mischung aus Café und Pub. Eindruck macht vor allem die Ausstattung, die geprägt ist von alten Musikinstrumenten: In die Bar wurde ein altes Piano senkrecht einmontiert. Ein Treffpunkt für schräge Szenegänger in Kazimierz. Vom Band läuft ruhige Musik: Blues, Jazz oder Klezmer. Das Bier wird in riesigen Krügen ausgeschenkt. *Tgl. ab 10 Uhr | ul. Izaaka 3*

OPER & KLASSIK

FILHARMONIA KRAKOWSKA IM. KAROLA SZYMANOWSKIEGO ★ [108 A4]
Die Krakauer Philharmonie entstand 1909, seit 1930 residiert sie im neobarocken Gebäude. Das Krakauer Symphonieorchester und die Philharmonie gehören zu den besten Orchestern des Landes. Es werden klassische Symphonien, Orgel- aber auch moderne Jazzkonzerte oder Konzerte im Rahmen von verschiedenen Festivals (z. B. zu Ostern das *Warschauer Beethovenfestival*) gegeben. Programm auf Englisch.

Die Philharmonie organisiert auch die sogenannten *Wieczory wawelskie*, Wawel-Abende, bei denen Kammermusik im Schloss oder im Arkadeninnenhof auf dem Programm steht. Insider Tipp *Kasse: Di–Fr 11–14 und 15–17 Uhr, Sa/So eine Stunde vor dem Konzert | ul. Zwierzyniecka 1 | www.filharmonia.krakow.pl*

OPERA KRAKOWSKA [109 F1]
Polnische und internationale Opern, klassisch und modern. Interessant ist auch das Sommerfestival, die Stücke werden dann sowohl in der Oper wie auch im Arkadenhof des Wawel-Schlosses gegeben. Insider Tipp Neues Programm auf Deutsch. *Kasse: Mo–Fr 10–19, Sa 12–19 Uhr, So zwei Stunden vor der Aufführung | fünf Preiskategorien zwischen 30 und 120 Pln | ul. Lubicz 48 | www.opera.krakow.pl*

>LOW BUDGET

- In vielen *Krakauer Kirchen* werden in der Saison klassische Konzerte gespielt, entweder sehr preisgünstig (ca. 20 Pln) oder ganz ohne Eintritt.
- In vielen Pubs und Clubs gibt es die *Happy-Hour-Tage* (oft am Montag), an denen das Bier ganz besonders preisgünstig ist.

> STILVOLLE LUXUSTEMPEL UND MODERNE FAMILIENHOTELS

Ob in einem ehemaligen Schloss, in gotischen Bürgerhäusern oder in Gästezimmern in Kazimierz – in Krakau ist die Auswahl groß

> In Krakau finden Sie Hotels fast aller international bekannten Ketten, aber auch ganz einmalig und individuell eingerichtete Häuser, in denen der Aufenthalt zum besonderen Erlebnis wird.

Die besten Hotels stehen direkt im Zentrum in der Fußgängerzone und sind meist in alten gotischen oder Renaissance-Bürgerhäusern und Palästen untergebracht. Diese Herbergen haben ihre eigene Geschichte, die sie mit alten bemalten Holzdecken, gotischen Portalen und Fresken an den Wänden erzählen. All das ist verbunden mit Komfort und moderner Technik – der Standard bei diesen Häusern. Auch viele Hotels der mittleren Klasse liegen in der Innenstadt, oft in direkter Nachbarschaft der Luxushotels. Hier ist ebenfalls Komfort garantiert, die Zimmer sind gut ausgestattet. Ob ganz neue Objekte, die erst seit ein paar Jahren in Betrieb sind, oder Häuser, die gerade frisch

Bild: Hotel Pollera

ÜBER NACHTEN

renoviert wurden: Die Krakauer Herbergen haben internationales Niveau.

Auch Kazimierz ist reich an Hotels der mittleren Kategorie, hier finden Sie aber auch eine große Auswahl an Hostels und Privatunterkünften. Denn gerade in Krakau bieten von Familien geführte Pensionen zwar nicht die höchsten Standards, aber nette Atmosphäre. Die günstigsten Hotels dagegen, meist in Gebäuden aus den 1960er- und 1970er-Jahren, liegen oft in größerer Entfernung vom Zentrum. Daher empfiehlt es sich, eher ein besseres Hostel oder Gästezimmer in zentraler Lage zu nehmen, wo Sie sich beispielsweise das Frühstück selbst zubereiten, als in einem Zwei- oder Ein-Sterne-Hotel außerhalb der Innenstadt zu wohnen.

Egal, welches Hotel Sie wählen: Erkundigen Sie sich immer nach Sonderangeboten, denn oft sinkt der Preis, wenn Sie mehrere Nächte bleiben. Außerdem gibt es Wochenendtarife, Familienangebote oder zusätzliche Leistungen wie Führungen oder Museumstickets. Bei Internetbuchungen sind manchmal Rabatte von bis zu 30 Prozent möglich. Von Ostern bis Ende Oktober ist Hochsaison, in der Nachsaison fallen die Preise zum Teil um die Hälfte. Unter *www.booking.com* oder *www.venere.com* können Sie Schnäppchen auch in Luxushotels machen. Hotel- und Apartmentsuche unter *www.krakow-hotel-guide.com*, *www.krakow-apartments.com*.

Die Schönheiten Krakaus immer vor Augen: Dachterrasse des Hotels Copernicus

HOTELS €€€

HOTEL COPERNICUS [108 B5]

Sie wünschen sich ein Zimmer mit Blick aufs Schloss in einem denkmalgeschützten Haus aus dem 16. Jh.? Dann sind Sie hier richtig. Das Hotel wurde mit Liebe zum Detail renoviert: Jedes Zimmer ist anders eingerichtet, zum Teil sind die Wandmalereien aus der Zeit der Gotik und Renaissance wieder ans Licht geholt worden. Das Haus liegt sehr ruhig, am schönsten sind die Zimmer mit Blick zur ul. Kanonicza, die anderen gehen auf den Innenhof. Schöne Aussicht von der Dachterrasse. Wenn Sie übers Internet buchen, bekommen Sie bis zu 30 Prozent Rabatt. *29 Zi. | ul. Kanonicza 16 | Tel. 012/424 34 00 | www.copernicus.hotel.com.pl*

HOTEL GRÓDEK [108 C3]

Ein Hotel in einem gotischen Haus im Herzen der Stadt, aber sehr ruhig gelegen. Jeder Raum ist unterschiedlich gestaltet, der gotische Kirchenfußboden an der Rezeption wurde während der Renovierung gerettet und hier einmontiert. Nettes Restaurant mit schönem Blick auf die Altstadt, sehr gut ausgestattete Bibliothek. Die Relikte, die während der Renovierung gefunden wurden, sind im einzigen privaten archäologischen Museum im Land im Hotel ausgestellt. *24 Zi. | ul. Na Gródku 4 | Tel. 012/431 90 30 | www.donimirski.com*

Insider Tipp

OSTOYA PALACE [106 C6]

Das stilvolle und mit antiken Möbeln eingerichtete Hotel befindet sich im renovierten und unter Denkmalschutz stehenden Ostaszewski-Palast von 1895. Gebaut wurde er von Józef Pokutyński, einem der besten Architekten der Stadt. Viele Details wurden erhalten, z. B. Wandmalereien oder Stuck. Falls Sie ein großes Bett haben wollen (200 x 200 cm), dann mieten Sie eine der Suiten. *24 Zi. | ul. Józefa Piłsudkiego 24 | Tel. 012/430 90 00 | www.ostoyapalace.pl*

PAŁAC BONEROWSKI ★ [108 B3]

Luxuszimmer und Apartments in einem Schloss aus dem 16. Jh. in bester Lage direkt am Marktplatz. Viele Details wie Portale, Holzdecken und Wandmalereien sind erhalten. Im Haus befinden sich zwei Restaurants: *Pod Winogronami* mit französischer und italienischer Küche und das japanische *Megami* im obersten Stock mit Glasdach. Am Abend Chopinkonzerte, nicht nur für Hotelgäste. *14 Zi. | ul. św. Jana 1 | Tel. 012/374 13 00 | www.palacbonerowski.pl*

Insider Tipp

HOTEL POD RÓŻĄ ★ [108 C2]

Das älteste Hotel Krakaus: Hier übernachtete schon Honoré de Balzac. In einem Bürgerhaus aus dem 15. Jh. direkt am Königsweg wurde die alte Architektur mit dem Luxus und dem Komfort des 21. Jhs. verbunden. Gutes Restaurant, großer Weinkeller. *54 Zi. | ul. Floriańska 14 | Tel. 012/424 33 81 | www.hotel.com.pl*

HOTELS €€

HOTEL ALEF [111 F4]

Das Hotel in Kazimierz verfügt über 35 gemütliche, eher einfach eingerichtete Zimmer. Die Attraktion ist das Treppenhaus, denn die Besitzer haben hier eine Kunstgalerie eingerichtet. Im Haus gibt es auch ein

MARCO POLO HIGHLIGHTS

★ Pałac Bonerowski
Was will man mehr: in einem Schloss mit Blick auf die Marienkirche wohnen und unter einem Glasdach japanische Köstlichkeiten essen (Seite 75)

★ Hotel Pod Różą
Im gleichen Bett wie Balzac schlafen? Im ältesten Hotel Krakaus ist alles möglich – hier ist jede Nacht besonders (Seite 75)

★ Hotel Stary
Das schönste Hotel Europas bietet von seiner Dachterrasse auch den schönsten Blick auf die Stadt (Seite 76)

★ Pension Trecius
Wo der Teufel schon zu Gast war: In dieser Pension übernachten Sie preisgünstig, zentral und mit einer Spur wohligen Grusels (Seite 79)

Restaurant, das Gerichte aus der traditionellen jüdischen Küche serviert. *ul. św. Agnieszki 5 | Tel. 012/ 424 31 31 | www.alef.pl*

ATRIUM HOTEL [108 C1]
2006 komplett renoviertes, modernes Hotel, zentral gelegen. Die Zimmer sind einfach eingerichtet, zwei Apartments mit Kochnischen ausgestattet. *50 Zi. | ul. Krzywa 7 | Tel. 012/ 430 02 03 | www.hotelatrium.com.pl*

ELEKTOR HOTEL [108 C2]
Stilvoll eingerichtete Zimmer in einem alten Bürgerhaus im Herzen der Altstadt. Insider Tipp Viele Sonderangebote, z.B. das zweite Zimmer für 1 Pln oder die dritte Nacht umsonst. In den sehr geräumigen Apartments wohnten schon viele gekrönte Häupter. *15 Zi. | ul. Szpitalna 28 | Tel. 012/423 23 17 | www.hotelelektor.com.pl*

HOTEL ESTER [112 C3]
Im Herzen von Kazimierz mit Blick auf die alten Synagogen. Sehr geschmackvoll mit antik stilisierten Möbeln eingerichtete Zimmer. *15 Zi. | ul. Szeroka 20 | Tel. 426 11 88 | www.hotel-ester.krakow.pl*

HOTEL FLORYAN [108 C2]
Das Bürgerhaus aus dem 16. Jh. ist eher modern und nicht besonders aufwendig, verfügt aber über ordentlich eingerichtete Zimmer in bester Lage. Bei den Mahlzeiten im *Vesuvius-Restaurant* bekommen Hotelgäste 10 Prozent Rabatt. *35 Zi. | ul. Floriańska 38 | Tel. 012/431 14 18 | www.floryan.com.pl*

> LUXUSHOTELS

Alte Paläste und gotische Bürgerhäuser

GRAND HOTEL [108 B2]
Der Name verpflichtet: Im ehemaligen Schloss der Fürstin Marcelina Potocka – eine große Kunstliebhaberin und Schülerin von Frédéric Chopin – wurde 1887 ein Luxushotel eröffnet. Die Zimmer und Apartments wurden mit antiken Möbeln ausgestattet, in vielen Zimmern sind Kachelöfen, altes Parkett und Wandmalereien aus der Epoche erhalten. Vier Restaurants, Cafés und Bars. Im Privatzimmer der Fürstin Marcelina, dem Apartament Książęcy (Fürstenapartment), schlafen Sie unterm Schutz der Himmelsmächte: Die Decke aus dem 16. Jh. ist mit Engelchen ausgemalt. *64 Zi. | DZ ab 900 Pln | ul. Sławkowska 5/7 | Tel. 012/424 08 00 | www.grand.pl*

HOTEL STARY ★ [108 B2]
Das alte Bürgerhaus stammt aus dem 16. Jh., nach mehreren Umbauten dominiert heute die Architektur des 18. und 19. Jhs. 2007 wurde das Hotel als das schönste in Europa ausgezeichnet. Ein Ort für Gäste mit Liebe zur Geschichte, verbunden mit tollem Komfort: Die Zimmer sind mit dunklen Holzmöbeln und Seidenvorhängen ausgestattet, auf dem Boden Parkett aus seltenen exotischen Holzarten und in den Badezimmern bunter Marmor. Das Hotel verfügt über ein kleines Wellnesszentrum. Auf dem Dach ist ein Terrassencafé mit einem schönen Blick über die Stadt. *53 Zi. | DZ ab 900 Pln | ul. Szczepańska 5 | Tel. 012/384 08 08 | www.stary.hotel.com.pl*

HOTEL MATEJKO [108 C1]

Nicht weit vom Bahnhof in einem renovierten alten Wohnhaus. Geräumige Zimmer, modern eingerichtet. Gute (aber nicht unbedingt ruhige) Lage. *48 Zi. | pl. J. Matejki 8 | Tel. 012/422 47 37 | www.matejkohotel.pl*

HOTEL POLESKI [110 D3–4]

Modernes Hotel mit hohem Standard. Auf dem Dach in der Sommersaison ein Restaurant mit einmaligem Blick zum Schloss. Besonders schön sind die Classic-Panorama-Zimmer mit Blick zur Weichsel und zum Wawel. Insider Tipp *20 Zi. | ul. Sandomierska 6 | Tel. 012/260 54 05 | www.hotelpoleski.pl*

Badewanne im Zimmer? Oder Badezimmer mit Luxusausstattung? Feine Lebensart im Hotel Stary

HOTEL POD WAWELEM [108 A5]

Das Haus verfügt über kleine, modern und manchmal in grellen Farben ausgestattete Zimmer. Fragen Sie nach einem Raum mit Balkon und mit Blick zur Weichsel. Auf dem Dach befinden sich ein Restaurant und ein Café mit tollem Blick zum Wawel-Schloss und zur Weichsel. Fünf Minuten bis zum Rynek Główny. *60 Zi. | pl. na Groblach 22 | Tel. 012/426 26 26 | www.hotelpodwawelem.pl*

HOTEL POLLERA [108 C2]

Dieses prächtige Haus aus dem Jahr 1834 ist heute ein Hotel, in dem Sie die besondere Atmosphäre vergangener Epochen spüren können. Im Treppenhaus erinnert das Bleiglasfenster von Stanisław Wyspiański Insider Tipp an die Jugendstilzeit. Dicke rote und grüne Teppiche, gemütliche Sofas, Lampen im Tiffany-Stil. Besonders schön sind die Apartments. *45 Zi.* | *ul. Szpitalna 30* | *Tel. 012/422 10 44* | *www.pollera.com.pl*

HOTEL POLONIA [108 D2]
Günstige Lage, leider gehen manche Fenster zur stark befahrenen Hauptstraße. Besonders schön sind die Apartments mit Möbeln aus dem 19. Jh. *62 Zi.* | *ul. Basztowa 25* | *Tel. 012/422 12 33* | *www.hotel-polonia.com.pl*

HOTEL POLSKI POD BIAŁYM ORŁEM [108 C2]
Seit 1913 befindet sich das Haus im Besitz der Fürstenfamilie Czartoryski. Hoher Standard, tolle Lage gegenüber dem Florianstor, mitten in der Altstadt und dennoch sehr ruhig in der Fußgängerzone. Besonders schöne Apartments mit antik stilisierten Möbeln. *54 Zi.* | *ul. Pijarska 17* | *Tel. 012/422 11 44* | *www.podorlem.com.pl*

>LOW BUDGET

- > Mit ISIC oder EURO<26 (international anerkannte Ausweise fur Studenten und Gäste unter 26) bekommen Sie oftmals Ermäßigung – nicht nur in Hotels, sondern auch in Museen. *www.euro26.de, www.isic.de*
- > Für 50 Pln übernachtet man im Rynek7Hostel in Zimmern für acht bis zehn Gäste – und das auch noch mit Blick auf die Tuchhallen. Eine Adresse für junge Leute, oft Partys im Haus. Auch Doppelzimmer. *Rynek Główny 7/6* | *Tel. 012/431 16 98* | *www.hostelrynek7.pl*
- > Günstige Unterkünfte finden Sie unter *www.hostel.pl* und *www.krakow30.com.*

HOTELS €

APART HOSTEL [106 C2]
Auf drei Etagen in einem renovierten Jugendstilhaus mit Garten. Auf einer Etage sind 1–2 Zimmer mit gemeinsamem Bad. Sehr zentral und dennoch ruhig: Zimmer mit Fenster zum benachbarten Klostergarten. Übernachtung ohne Frühstück, dafür aber mit einer voll ausgestatteten Küche. *4 Zi.* | *ul. Siemiradzkiego 15* | *Tel. 012/633 16 15* | *www.aparthostel.pl*

Insider Tipp

HOTEL BONA [115 D4]
Eine Adresse für Reisende mit dem Auto: ziemlich weit vom Zentrum entfernt, dafür aber mitten im Tyniec-Landschaftspark. *20 Zi.* | *ul. Tyniecka 167b* | *Tel. 012/267 57 73* | *www.hotelbona.com.pl*

DOM CASIMI [112 C3]
Moderne Gästezimmer mitten in Kazimierz. Einfach, aber hell und einladend eingerichtet. Alles ganz neu und von guter Qualität. Fahrradverleih im Haus. *12 Zi.* | *ul. Szeroka 7/8* | *Tel. 012/426 11 93* | *www.casimi.pl*

DOM POD 4 [U C2]
In einem Einfamilienhaus mit Garten. Große Zimmer mit Bad, gemeinsame kleine Küche und Speiseraum, ruhige Lage nicht weit vom Zentrum. Wenn Sie mit 6–8 Personen reisen, lohnt es sich, das ganze Haus zu mieten. *4 Zi.* | *ul. Celarowska 4* | *Tel. 0608/62 43 49* | *www.zimmerinkrakau.pl*

Insider Tipp

NAD RUDAWĄ [U A3]
Familienpension in ruhiger Gegend in einem Privathaus mit schönem Garten, inklusive Frühstück, auf Wunsch auch Mittag- oder Abendessen. *8 Zi.* |

ul. Korbutowej 36 | Tel. 012/ 425 36 22 | www.bandb.krakow.com

PENSION TRECIUS [108 C3]
Zentrale Lage, jedes Zimmer ist anders eingerichtet. In einem der Räume wurden gotische Steinsäulen entdeckt und eine Ziegelsteinmauer aus dem 13. Jh. Der Teufel hat hier auch übernachtet – ein Abdruck seiner Pfote ist der Beweis! Für mehr als drei Tage 10 Prozent Rabatt. *6 Zi. | ul. św. Tomasza 18 | Tel. 012/424 25 21 | www.trecius.krakow.pl*

PIANO GUESTHOUSE [U C2]
Sehr zentral gelegen, im Sommer wird das Frühstück auf der Terrasse serviert, mitten in einem schönen Garten. Vom Hauptbahnhof ist der Transport gratis. Einrichtung mit antiken Möbeln. *6 Zi. | ul. Kątowa 4 | Tel. 012/632 13 71 | www.katowa4.com*

HOTEL ROYAL [108 B6] Insider Tipp
Topadresse unter den billigeren Hotels. Viele Sonderangebote, erkundigen Sie sich telefonisch. Auch ein kleiner Wellnessbereich. Der größte Vorteil ist aber die Lage am Fuß des Wawel-Schlosses. *120 Zi. | ul. św. Gertrudy 26–29 | Tel. 012/618 40 40 | www.royal.com.pl*

Hoteljuwel mitten in der Altstadt: Hotel Polski Pod Białym Orłem

HOTEL START [U B5]
Einfache und moderne 2- bis 4-Bett-Zimmer mit Bad und Dusche. Viele Sonderangebote, Restaurant. *80 Zi. | ul. Kapelanka 60 | Tel. 012/269 22 10 | www.hotelstart.com.pl*

WO DIE WILDEN DRACHEN WOHNEN

In Krakau ist Phantasie gefragt, dann erlebt der Nachwuchs die Stadt als etwas ganz Besonderes

> Polen lieben Kinder und sind ihnen gegenüber ziemlich tolerant. Seit einigen Jahren ist im ganzen Land ein regelrechter Nachwuchsboom zu beobachten – kleine Kinder und Kinderwagen an jeder Ecke. Dennoch sind Wickeltische oder entsprechende Stühle und Spielecken in den Restaurants – außer in den großen Einkaufszentren – eher eine Seltenheit. Auch das Freizeitangebot für (ausländische) Kinder ist in Krakau noch nicht sehr groß. Hier kommt es also auf die Eltern an, den Sprösslingen die vielen alten Häuser, die Drachenhöhle oder das Schloss als spannende Ziele zu präsentieren.

AKWARIUM I MUZEUM PRZYRODNICZE PAN (AQUARIUM & NATURKUNDEMUSEUM) [108 C5]

Nirgendwo sonst in Polen sehen Sie so viele exotische Fische, Amphibien und Reptilien. Außer verschiedenen Schlangen, Eidechsen, Schildkröten und Fröschen können Sie hier auch an einem Korallenriff lebende Fische und leuchtende Exemplare aus der Tiefsee bewundern. Exotisch in dieser Umgebung – und zwar nicht nur wegen seiner Herkunft aus den Regenwäldern Kolumbiens – ist ein Pärchen Lisztaffen. *Mo–Fr 9–20, Sa/So 9–21 Uhr | Eintritt Kinder 12 Pln, Erwachsene 18 Pln | ul. św. Sebastiana 9 | zu Fuß vom Marktplatz 10 Min. | www.aquariumkrakow.com*

AQUAPARK [U D2]

Die Schwimmbäder und -becken im größten derartigen Komplex Polens haben eine Fläche von 2000 m^2, die größte Attraktion ist eine 200 m lange Wasserrutsche. Aber auch für die Eltern ist gesorgt: Im Wellnesszentrum werden Yoga- oder Tai-Chi-Kurse angeboten, in den Fitnessräumen und einer Reihe von Saunen kann man seinem Körper Gutes tun. Zur Anlage gehören außerdem ein Restaurant, ein Café und kleine Shops. *Tgl. 8–22 Uhr | Eintritt pro Stunde: Kinder 15 Pln, Erwachsene 19 Pln (mit Sauna 26 Pln), Happy Hour 8–9 Uhr: Kinder 9 Pln, Erwachsene 12 Pln | ul. Dobrego Pasterza 126 | www.parkwodny.pl*

> MIT KINDERN UNTERWEGS

OGRÓD ZOOLOGICZNY (ZOOLOGISCHER GARTEN) [115 D4]

Der Zoo wurde 1927 anstelle einer Fasanenzucht gebaut und ist einer der ältesten im Land. Auf 20 ha leben über 1500 Tiere, darunter 32 Arten, die vom Aussterben bedroht sind. Besonders interessant für den Nachwuchs dürfte der Minizoo sein, wo Meerschweinchen, Kaninchen, Ponys und kleine Hängebauchschweine auf Streicheleinheiten und Fütterung warten *(Futter vor Ort zu kaufen)*. Auch die schöne Lage des Zoos im Wolski-Wald ist einen Ausflug wert, vor allem im Mai, wenn die Azaleen und Rhododendren blühen.

Mit dem Auto können Sie an Wochentagen bis vor das Tor fahren *(Gebühr 6 Pln)*, am Wochenende müssen Sie das Auto 1 km vom Zoo entfernt parken und den Rest entweder zu Fuß gehen oder den Shuttlebus nehmen. *Tgl. 9–19 Uhr | Eintritt Kinder 7 Pln, Erwachsene 14 Pln | Aleja Kasy Oszczędności Miasta Krakowa 14 | www.zoo-krakow.pl | Bus 134: Hotel Cracovia*

PARK JORDANA [106 A6] Insider Tipp

Auf 20 ha gibt es Spazierwege, Kinderspielplätze, Fußball- und Volleyballfelder, außerdem einen kleinen See, auf dem Sie mit dem Nachwuchs Tretboot fahren können. Der Park von 1889 ist Polens ältester, er wurde extra für Kinder und Jugendliche, für Spiel und Sport eingerichtet. Auf der anderen Straßenseite liegt zudem die größte Wiese der Stadt namens Błonia, auf der sich Ihre Sprösslinge ebenfalls austoben können. *Tgl. 9 Uhr bis zur Dämmerung | Eintritt frei | Aleja 3 Maja | Straßenbahn 15, 18: Park Jordana*

TEATR GROTESKA [106 B–C4]

Das kleine Theater inszeniert polnische und international bekannte Märchen für Kinder, auch als Puppenspiel. Obwohl die Stücke nur auf Polnisch gespielt werden, entfalten sie bei den kleinen Zuschauern ihre ganz eigene Magie. Außerdem organisiert das Theater Krakaus jährliche Drachenparaden. *Tgl. Vorstellung | ul. Skarbowa 2 | Tel. 012/633 48 22 | www.groteska.pl*

> DURCH DIE STADT MIT DEN VIELEN GESICHTERN

Kontrastprogramm zwischen jüdischem Getto, ausladenden Wäldern, herrschaftlichen Villenvierteln und polnischen Köstlichkeiten

Die Spaziergänge sind auf dem hinteren Umschlag und im Cityatlas grün markiert

1 KLEPARZ – GESCHICHTE RUND UM DEN GEMÜSEMARKT

Dieser Spaziergang führt Sie nach Kleparz, ein Bezirk, der bis zum 19. Jh. eine unabhängige Stadt mit großem Handelsplatz, Rathaus und Pfarrkirche war. Besuchen Sie die Kirche, in der Papst Johannes Paul II. das Amt des Vikars ausübte, begegnen Sie Kreuzrittern und schlemmen Sie auf dem größten Viktualienmarkt Krakaus. Der Spaziergang dauert ca. 45 Minuten.

Bild: Gemüsemarkt Kleparz

Lange Zeit verfiel Kleparz langsam vor sich hin, viele Häuser waren in sehr schlechtem Zustand, Restaurants oder Cafés gab es überhaupt nicht. Da der Stadtteil in direkter Nähe zum Bahnhof liegt, wurde er als Rotlichtviertel eher gemieden. Heute hat sich alles zum Besseren verändert. Die Umgebung des Bahnhofs wurde saniert und es entstand die **Galeria Krakowska** *(S. 60)*, das zentrale große Einkaufszentrum der Stadt.

STADT SPAZIERGÄNGE

Starten Sie gleich an der nördlichen Seite der Barbakane *(S. 25)*. Sie befinden sich auf dem Plac Matejki (Matejko-Platz), in dessen Mitte das monumentale Tannenbergdenkmal steht. Das Bauwerk wird von einer Figur des polnischen Königs Władysław Jagiełło hoch zu Ross gekrönt und erinnert an die Schlacht bei Tannenberg, die die polnischen und litauischen Ritter gegen den Kreuzritterorden im Jahr 1410 gewannen. Die große Marmorplatte davor ist dem Unbekannten Soldaten gewidmet und erinnert an alle polnischen Soldaten, die in beiden Weltkriegen gekämpft haben. Heute sehen Sie nur noch eine Rekonstruktion des Denkmals von 1910: Während des Kriegs wurde es von den Nazis in die Luft gesprengt.

Auf der linken Seite der Straße steht die Krakauer Kunsthochschule *(pl. Matejki 13)*, ein Neorenaissancegebäude von 1880. Am anderen Ende des Platzes ist die **Kościół św. Floriana (Florianskirche)** zu sehen. Sie wurde während der Wende vom 12. zum 13. Jh. gebaut, das heutige Aussehen verdankt sie aber überwiegend der Barockisierung im 17. und 18. Jh. Die dreischiffige Basilika mit zwei Türmen und der Figur des hl. Florian birgt einen besonders interessanten Hauptaltar: Es handelt sich um das Bild des Heiligen aus dem 17. Jh., der ein Feuer löscht. Im Hintergrund ist die Stadt Kleparz zu sehen. In dieser Kirche war Karol Wojtyła von 1949 bis 1951 Vikar und Gemeindepfarrer, hier begann die kirchliche Laufbahn des späteren Papstes. Am Pfarrhaus hängt eine Plakette zur Erinnerung an Johannes Paul II.

Gehen Sie nun zurück zum Matejko-Platz und biegen Sie in die ul. Paderewskiego ein. Vor Ihnen erstreckt sich nun Insider Tipp der größte *Viktualienmarkt* im Herzen der Stadt *(im Sommer tgl. 9–18, im Winter bis 16 Uhr | pl. Kleparski)*. Hier bekommen Sie alles: Obst und Gemüse, Käse, Schinken und Brot. Am rechten Ende des Platzes verkaufen Bäuerinnen, die nicht selten aus einer Entfernung von über 100 km anreisen, auf Holztischen ihre Spezialitäten (z. B. Käse aus Zakopane). Außerdem gibt es hier einen großen Blumenmarkt.

2 ZWIERZYNIEC – IM GARTEN DER KÖNIGE

Bei dieser Tour geht es vorbei an Kirchen und Klöstern mitten hinein in ein malerisches Villenviertel. Sie verlassen Krakaus Zentrum, kommen hinaus ins Grüne und genießen einen phantastischen Blick über die ganze Stadt. Der Ausflug eignet sich sehr gut als Fahrradtour, die Sie mit einem Abstecher in den Wolski-Wald verlängern können. Ohne diese Verlängerung dauert der Spaziergang ca. 1,5 Stunden.

Starten Sie am Fuß des Wawel-Hügels an der Weichsel und gehen Sie in Richtung der **ul. Kościuszki.** Falls Sie mit dem Fahrrad unterwegs sind, dann fahren Sie weiter die Weichsel entlang. Der Stadtteil **Zwierzyniec (Tiergarten)** umfasst die ehemaligen Jagdgebiete und Gärten der polnischen Könige und die Ländereien des **Klasztor Norbertanek (Klosters der Prämonstratenserinnen),** das Sie nach rund 10 Minuten erreichen. Im Klosterkomplex leben noch immer Nonnen, deshalb sind diese Gebäude nicht öffentlich zugänglich. Allerdings lohnt sich der Besuch in der zum Komplex gehörenden barocken Kirche des hl. Augustin und Johannes des Täufers *(tgl. | ul. Kościuszki 88)*: Die Geschichte des größten Frauenklosters im Land reicht zurück bis ins 12. Jh. Rund 500 Jahre später, als das zugehörige Gotteshaus barockisiert und vergrößert wurde, entstand eine einschiffige Kirche mit einer Empore. Hier saßen die Nonnen während der Messe, weil sie keinen Kontakt zur Außenwelt und zu den „Normalgläubigen" haben durften.

Nach dem Besuch der Kirche gehen Sie nach links und überqueren die Straße. Der Weg über die **Aleja Waszyngtona** geht weiter den Berg hoch und durch das erste Krakauer Villengebiet. Auf der linken Seite *(ul. św. Bronisławy 3)* sehen Sie ein seltenes Beispiel für sakrale Holzarchitektur: die **Kościół św. Małgorzaty (Kirche der hl. Margarethe)** aus dem 17. Jh., die leider nur von außen zu besichtigen ist. Sie hat die Form eines Achtecks und diente als Gebetsort für Pestkranke.

Zwierzyniec ist heute ein Stadtbezirk, hat aber an vielen Stellen immer noch seinen Vorstadtcharakter bewahrt. Es dominiert Architektur aus dem 19. und frühen 20. Jh., eingebettet in viel Grün. Die Bebauung dieses Viertels stammt aus einer Zeit, als die Idee aufkam, Häuser für mehrere Familien im Grünen am Rand der Stadt zu bauen. Besonders malerisch ist die **ul. Gontyny**.

Wenn Sie der Aleja Waszyngtona weiter folgen, sehen Sie auf der rechten Seite eine der ältesten Kirchen der Stadt, die **Kościół Najśw. Salwatora (Erlöserkirche)** *(nur während der Messe am Sonntag | ul św Bronisławy 9)*. Die einschiffige, romanische Kirche aus Stein wurde im 12. Jh. gebaut und ist seitdem fast unverändert erhalten.

Während Sie die mit Kastanien bepflanzte Allee weiter bis zum **Kościuszko-Hügel** *(S. 17)* gehen, kommen Sie an dem auf der linken Seite liegenden **Salwator-Friedhof** mit seinen interessanten Gräbern aus dem 19. Jh. vorbei. Der Hügel selbst wurde von 1820 bis 1823 als Denkmal für den Freiheitshelden Tadeusz Kościuszko aufgeschüttet. Später befestigten ihn die Österreicher, Reste der Festung aus rotem Stein sind noch zu sehen. Besteigen Sie den 34 m hohen Hügel, um den einmaligen Blick über die Stadt zu genießen *(tgl. 9 Uhr bis zur Dämmerung | Eintritt 6 Pln)*. Auf dem Hügel, im renovierten Teil der Befestigungsanlagen, liegt das Caférestaurant *Kawiarnia pod Kopcem (Aleja Waszyngtona | Tel. 012/662 20 29)*.

Ungewöhnlich, aber dafür umso eindrucksvoller: die hölzerne Kirche der hl. Margarethe

Wenn Sie noch Lust und Kraft haben, spazieren oder radeln Sie weiter Richtung **Las Wolski (Wolski-Wald).** Er ist die grüne Lunge Krakaus, 435 ha groß und der größte Waldlandschaftspark Polens. Sie finden dort über 40 km Spazier- und Radwege, den **Ogród Zoologiczny (Zoologischen Garten)** *(S. 81)* und das **Klasztor Kamedułów (Eremitenkloster der Kamaldulenser)** *(tgl. 8–11 u. 15–16 Uhr für 15 Min., nur für Männer, Frauen nur an hohen Kirchenfesten).* Vom Zoo aus fahren Sie mit dem Bus 134 ins Zentrum zurück *(Fahrradmitnahme).*

3 PODGÓRZE – AUF DEN SPUREN VON OSKAR SCHINDLER

Dieser Spaziergang führt hinein in die Geschichte des Krakauer Gettos, das einen kleinen Teil des heutigen Stadtteils Podgórze umfasste. Er entstand im 18. Jh. als unabhängiger Ort, wurde nach 1915 eingemeindet und hatte ähnlich wie Kleparz oder Kazimierz lange keine Bedeutung. Geändert hat sich das bis heute nicht, zumindest in den Nebenstraßen mit ihren alten und unsanierten Häusern. In den Hauptstraßen jedoch tut sich viel: Junge Leute beginnen den Stadtteil zu entdecken und kaufen Wohnungen, die billiger sind als in den „besseren" Bezirken. Der Spaziergang dauert ca. 1,5 Stunden.

Beginnen Sie Ihre Tour am **Plac Bohaterów Getta (Platz der Gettohelden),** wo Sie die Straßenbahn 13 *(Endhaltestelle pl. Bohaterów Getta)* nehmen. Dann sind Sie schon mitten im Zentrum des jüdischen Gettos, das die Nazis im März 1941 einrichteten. Es umfasste eine Fläche von 20 ha, auf der zuvor 3000 Menschen lebten – später waren es 16000, eine unvorstellbare Enge. Das Getto ist heute durch keine Mauer oder besondere Schilder gekennzeichnet, über den genauen Verlauf der Grenze können Sie sich im Museum informieren. Auf dem Platz sehen Sie eine Installation, die zugleich ein Denkmal ist: Metallene Stühle erinnern an die Zerstörung des Gettos im März 1943, als das gesamte Mobiliar und persönliche Gegenstände der Bewohner aus den Fenstern geworfen wurden. Die Auflösung des Krakauer Gettos war die Antwort auf die Bestimmungen der Wannsee-Konferenz 1942, auf der die oberen Nazischergen die sogenannte „Endlösung der Judenfrage" beschlossen hatten. Die Menschen wurden entweder im Getto selbst erschossen oder in Arbeits- und Konzentrationslager wie Płaszów oder Auschwitz abtransportiert.

Etwas weiter steht die **Apteka Pod Orłem (Apotheke zum Adler),** in der sich heute ein Museum befindet *(April–Okt. Mo 10–14, Di–So 9.30–17, Nov.–März Mo 10–14, Di–Do/Sa 9–16, Fr 10–17 Uhr | Eintritt 5 Pln | pl. Bohaterów Getta 18).* In diesem Gebäude führte Tadeusz Pankiewicz zwei Jahre lang während der deutschen Besetzung die einzige Apotheke, die die Juden mit Medikamenten versorgte. Viele von ihnen, hauptsächlich Kinder, rettete er, indem er sie in den Apothekenschränken versteckte. Seine Erinnerungen verewigte der nichtjüdische Pharmazeut in dem Buch „Apteka pod Orłem (Die Apotheke im Krakauer Getto)". Die Ausstellung im Museum befasst sich mit der Geschichte des Gettos und des Konzentrationslagers Płaszów und ehrt damit einen Mann, der sein eigenes Leben riskierte, um andere Menschen vor dem sicheren Tod zu bewahren.

Wenn Sie die Apotheke verlassen, gehen Sie die Straßen ul. Na Zjeździe, ul. Lwowska und ul. Traugutta unter der Bahnunterführung hindurch, dann kommen Sie in die ul. Lipowa. Dort stehen Sie vor dem Fabrikgebäude der ehemaligen **Emaillewerke von Oskar Schindler** *(Di–So 10–17 Uhr | Eintritt 5 Pln | ul. Lipowa 4)*. Schindler kam während der deutschen Besatzung nach Krakau und kaufte die Fabrik, in der er Ausrüstung für die deutsche Armee produzierte. Am Anfang nur auf seinen Gewinn bedacht, ließ ihn mit der Zeit die Lebenssituation der Juden im benachbarten Getto nicht mehr los. Als die Nazis im März 1943 das Getto liquidierten, rettete er mehr als 1100 Juden vor den Transporten in die Konzentrationslager unter dem Vorwand, sie als kriegswichtige Arbeiter zu benötigen. Er richtete für sie neben seiner Fabrik Wohnbaracken ein, wo sie unter viel besseren Umständen wohnten als im Getto. Das mutige Eingreifen von Oskar Schindler wurde weltbekannt, nachdem Steven Spielbergs Film „Schindlers Liste" 1993 in die Kinos kam. Heute befindet sich in der Fabrik ein Museum, das die Geschichte des Fabrikanten und „seiner Juden" erzählt. An der Fassade des Gebäudes ist ein Zitat aus dem Talmud, dem zentralen Text des Judentums, zu lesen: „Wer ein Leben rettet, handelt so, als ob er die ganze Welt gerettet hätte."

Erinnerungen an das schmerzvolle Leben im Getto in der Apotheke zum Adler

EIN TAG IN KRAKAU

Action pur und einmalige Erlebnisse.
Gehen Sie auf Tour mit unserem Szene-Scout

EINFACH LECKER

8:00

Im preisgekrönten *Café Tupli* setzt man zum Frühstück auf Basics: Rühreier mit Speck, dazu eine Platte mit Schinken, Käse und Marmelade. Zum Abschluss das Croissant in den Cappuccino tauchen und den Gartenblick mitten im Trendviertel Kazimierz genießen. **WO?** *ul. Kupa 6 | Tel.012/376 40 52 | www.tupli.pl*

9:30

ROLL ON

Action auf dem Drei-Rad-Roller *Trikke*: Abwechselnd die Fußplattformen nach außen drücken, das Körpergewicht verlagern und schon geht's in Kurvenbewegungen vorwärts. Der 4 km lange Grüngürtel um die Altstadt ist perfekt, um Frühstückskalorien abzubauen. **WO?** *Rynek Główny 18 | Anmeldung unter Tel. 012/394 55 78 | Kosten: ab 35 Pln | www.segwaytours.pl*

HOBBY-KOPERNIKUS

11:00

Trainieren Sie nach den Muskeln nun Ihren Geist: In der interaktiven Ausstellung *Die Welt der Sinne* können Freizeitforscher einfache Experimente mit Kopien alter wissenschaftlicher Instrumente anstellen und so selbst Phänomene aus den Bereichen der Biologie, der Physik und Chemie kennenlernen. **WO?** *Muzeum Uniwersytet Jagielloński | So geschl. | Kosten: 7 Pln | ul. Jagiellońska 15 | Anmeldung: Tel. 012/663 13 19 | www.maius.uj.edu.pl*

14:00

KAFFEEFAHRT

Sightseeing in seiner bequemsten Form: In Polens einzigem Tramcafé nehmen die Gäste auf kirschroten Plüschsesseln Platz. In nostalgischer Salonatmosphäre genießen sie dann Kaffee und Kuchen, während nebenbei die Highlights der Stadt am Fenster vorbeiziehen. **WO?** *Abfahrt 14 Uhr, Linie 1, Haltestelle św. Wawrzyńca | Kosten: 35 Pln*

24h

GO TRABI GO

17:00

Schwarz und klein – in einem Trabi oder einem Fiat 125 bringen einen die Guides von *Crazy Tours* durch die Stadt. Auf den Spuren der Vergangenheit geht es vorbei an Denkmälern des Kommunismus. Dabei staunen die Teilnehmer nicht nur über Gebäude und Statuen, sondern vor allem auch über die Anekdoten der Fahrer. **WO?** | *Anmeldung unter Tel. 5000/912 00 | Kosten: 129 Pln/2,5 Std. | www.crazyguides.com*

19:00

KLAVIERSPIEL

Klassikfans kommen nun Polens bekanntestem Komponisten ganz nah. Die Chopin-Klavierabende im *Polonia-Haus* schmeicheln den Ohren und sind eine wunderschöne Einstimmung auf den Abend. Noch dazu, weil herausragende polnische Pianisten die Werke Frédéric Chopins zum Besten geben. **WO?** *Rynek Główny 14 | Termine und Tickets unter Tel. 0662/00 72 55 | Kosten: 40 Pln | www.orfeusz.eu*

RUSTIKALES DINNER

20:00

Gewölbe, indirekte Beleuchtung, Spitzentischdecken und Wandskulpturen – das Dinner im Restaurant *Pod Słońcem* verspricht ein Sinneserlebnis zu werden. Passend zum rustikalen Interieur bestellen die Gäste am besten das Sunny Steak, dazu gibt es Pilze in Brotbröseln und gegrilltes Gemüse **WO?** *Rynek Główny 43 | Tel. 012/422 93 78 16 | www.gehanowska.pl*

22:00

NIGHTLIFE

Die Nacht ist noch jung und in der *CK Browar* geht es heiß her. Der All-in-one-Club ist Restaurant, Bar, Brauerei und Disko in einem. Am besten, man gönnt sich zuerst an der Bar ein selbst gebrautes Bier, um dann im Nachtclub auf dem Leuchttanzboden die Zeit zu vergessen. **WO?** *ul. Podwale 6–7 | Tel. 012/429 25 05 | www.ckbrowar.krakow.pl*

DIE SPUREN DER VERGANGENHEIT

Die wehrhafte Abtei von Tyniec, das Salzbergwerk von Wieliczka und das ehemalige Vernichtungslager Auschwitz-Birkenau

1 BEI DEN BENEDIKTINERN IN TYNIEC

[115 D4] Sie liegt auf einer Klippe über der Weichsel und ihre Mauern sehen auf den ersten Blick wenig einladend aus: Die Benediktinerabtei von Tyniec war seit ihrer Gründung im Jahr 1044 nicht nur eine religiöse Zuflucht, ihre Gebäude erfüllten auch durchaus weltliche, ganz und gar strategische Aufgaben. Der Ausflug dauert 3–5 Stunden, je nachdem, welches Verkehrsmittel, Sie ins 10 km entfernte Tyniec bringt.

Mit dem Schiff haben Sie die schönsten Aus- und Ansichten. Die Fahrt hin und zurück mit einem 45-Minuten-Stopp im Kloster dauert ca. 3,5 Stunden *(Mai–Sept., variable Abfahrtszeiten | Anlegestelle am Fuß des Wawel-Hügels)*. Oder Sie nehmen den Bus 112 von der Haltestelle Rondo Grunwaldzkie, sind nach ca. 35 Min. in Tyniec *(Haltestelle Ka-*

Bild: Tyniec

AUSFLÜGE & TOUREN

mieniołom) und gehen dann noch über die ul. Benedyktyńska ca. 10 Min. zu Fuß. Mit dem Auto (ca. 15 Min.) verlassen Sie Krakau auf der ul. Tyniecka, der zweite Parkplatz an der Weichsel ist der Parkplatz des Klosters. Mit dem Fahrrad (ca. 30–40 Min.) starten Sie am Rynek Dębnicki [110 C4] auf den *Weichselradweg (Nadwiślańska trasa rowerowa)* und fahren dann den größten Teil der Strecke am Fluss entlang.

Das Klasztor Benedyktynów (Benediktinerkloster) und die Kirche stehen malerisch auf einem Kalksteinfelsen am Durchbruch der Weichsel. Die Geschichte des Ordens in Tyniec geht bis ins 11. Jh. zurück, als der polnische König Bolesław Śmiały nach den Regeln des hl. Benedikt einen entlegenen Ort wählte, wo sich die Mönche der Arbeit und dem Gebet widmen konnten – „ora et labora". Während der Jahrhunderte mussten

Kloster und Kirche viele kriegerische Angriffe überstehen. Nach der Säkularisierung Anfang des 19. Jhs. verfiel die Anlage, erst 1939 bauten Mönche aus Belgien die Gebäude wieder auf. Wegen der vielen Umbauten ist die Architektur stilistisch nicht einheitlich: Die Kirche ist eine barocke, dreischiffige Basilika, die ältesten Teile sind das Presbyterium aus dem 15. Jh. und die goldbemalte Kanzel in Form eines Boots. Sehr interessant ist auch der gotische Kreuzgang mit teilweise noch romanischen Mauern.

Im Sommer sollten Sie nicht das Orgelkonzert während der Messe verpassen, an der auch die 40 Mönche des Klosters teilnehmen *(So 10.30 Uhr)*. Auf dem Gelände gibt es einen Insider Tipp kleinen Laden mit Klosterprodukten, ein Restaurant und ein Café *(tgl. | €)* mit schönem Blick über die Weichsel. *Kreuzgang und Museum: tgl. 9–17 Uhr, nur mit Führung zur vollen Stunde (außer 13 u. 15 Uhr); Kirche: tgl. 13–18 Uhr | Eintritt 6 Pln, deutsche Führung 50 Pln, Reservierung: Tel. 012/6885450 | ul. Benedyktyńska 37 | www.tyniec.benedyktyni.pl*

2 AUF DER SUCHE NACH DEM WEISSEN GOLD

[115 E5] Das Salzbergwerk in Wieliczka (10 km südlich) ist eine der größten Attraktionen des Krakauer Umlands. Seit 1978 ist es Unesco-Weltkulturerbe. Der Ausflug dauert ca. 5 Stunden.

Am besten nehmen Sie den Bus 304 *(Filharmonia bis Wieliczka kościół)*, der kostet Sie lediglich 2,60 Pln *(bilet aglomeracyjny)*. Mit dem Auto fahren Sie auf der A4 Richtung Tarnów bis zur Abfahrt Wieliczka. In der Stadt folgen Sie den Schildern *Kopalnia (Bergwerk)*.

Die Geschichte der Mine beginnt im 13. Jh. Von Anfang an war sie für Krakau und die ganze Monarchie eine der wichtigsten Einnahmequellen, in der Glanzzeit im 15. Jh. machte der Salzhandel über 30 Prozent des Gesamteinkommens aus. Der Abbau wurde bis ins 20. Jh. betrieben, heute wird nur noch wenig Salz gewonnen. Unter Tage gibt es über 300 km labyrinthartige Wege auf neun Etagen, von denen nur ein Teil geöffnet ist. Die größte Attraktion – neben den 20 m hohen Kammern und einem Salzsee – ist die **Kaplica św. Kingi (Kapelle der seligen Kinga)**, wo alles, selbst der Kronleuchter, die Altäre und der Fußboden, aus reinem Salz ist. Unter Tage finden Sie ein Restaurant und Souvenirläden. Insider Tipp Pullover nicht vergessen: nur 14 Grad! *April–Okt. tgl. 7.30–19.30, Nov.–März 8–17 Uhr, engl. Führung 10, 11, 11.30, 12.30, 13.45, 15, 17 Uhr, dt. Fühung bestellen unter Tel. 012/2787302 | Eintritt 64 Pln, mit dt. Führung 265 Pln | Daniłowicza 10 | Wieliczka | www.kopalnia.pl*

3 AUSCHWITZ-BIRKENAU

★ [114 B4] Wie kaum ein anderer Name steht der des Konzentrationslagers Auschwitz-Birkenau für die unvorstellbaren Gräueltaten der Nationalsozialisten. Im größten deutschen Vernichtungslager wurden über 1,2 Mio. Menschen – überwiegend Juden – ermordet. Heute befinden sich auf dem 190 ha großen Gelände bei Oświęcim (ca. 45 km von Krakau) eine Gedenkstätte und ein Museum. Nehmen Sie für die 1,5 Stunden dauernde

Fahrt einen der Minibusse, die mehrmals in der Stunde vom Krakauer Bahnhof abfahren. Nach der Besichtigung des Museums Auschwitz bringt Sie der Museumsbus jede Stunde kostenlos ins 4 km entfernte Birkenau. Mit dem Auto geht es über die Dw 780, Dk 44 oder A4 Richtung Oświecim, folgen Sie den Schildern *Muzeum Auschwitz*. Planen Sie ca. 5 Stunden für den Besuch in Auschwitz ein.

1940 richteten die Nazis das KZ für polnische politische Gefangene ein. Die Organisation des ursprünglichen Arbeitslagers zeigt, mit welch perfider technokratischer Kälte die Besatzer ans Werk gingen: Während die Menschen im Lager III (Monowitz) in der Fabrik der Buna-Werke (IG-Farben) schuften mussten, wurden die Häftlinge in Auschwitz I im Straßen- und Wohnungsbau eingesetzt. Hier – im größten Teil des Lagers – waren Wohnbaracken, Gefängnis, Todeszellen, Verwaltung und die Wohngebäude des Lagerkommandanten Rudolf Höß und seiner Familie. Den zynischen Satz „Arbeit macht frei" können Sie bis heute am Haupteingangstor von Auschwitz I lesen.

Das wahre Grauen passierte in Auschwitz II (Birkenau): In vier großen Gaskammern wurden die Menschen ermordet und in den Krematorien verbrannt – die Wohnbaracken aus Holz waren nur provisorisch. Der Besuch in Auschwitz berührt – und schockiert – zutiefst, bereiten Sie sich und vor allem Ihre Kinder gut darauf vor. *Tgl. Dez./Jan. 8–15, März/Nov. 8–16, April/Okt. 8–17, Mai/Sept. 8–18, Juni–Aug. 8–19 Uhr | Eintritt ohne Führung kostenlos, nach geführten Touren an der Kasse fragen | Więźniów Oświęcimia 20 | Oświęcim | www.auschwitz.org.pl*

Salz als künstlerischer Werkstoff: Skulpturen im Salzbergwerk Wieliczka

> VON ANREISE BIS ZOLL

Urlaub von Anfang bis Ende: die wichtigsten Adressen und Informationen für Ihre Krakau-Reise

ANREISE

AUTO

Reisende aus Norddeutschland wählen den Weg über Berlin und Wroclaw (Breslau). Wer weiter südlich startet, nimmt die Route über Dresden oder Prag (Tschechien). Der schnellste Weg von Wien und Zürich führt über Bratislava (Slowakei).

BAHN

Alle wichtigen Bahnverbindungen aus Deutschland führen über Berlin nach Krakau *(10 Stunden)*. Von Wien sind es rund acht Stunden Fahrt, für Schweizer ist die Anreise per Bahn meist kompliziert und mit viel Umsteigen verbunden.

BUS

Die Reise von Berlin nach Krakau dauert rund zehn Stunden. Von allen großen deutschen Städten gibt es eine tägliche Busverbindung, Fahrpreis hin und zurück ab ca. 100 Euro. Die Busse halten am *Krakauer Busbahnhof (regionalny dworzec autobusowy)* in der ul. Bosacka.

FLUGZEUG

Alle nationalen und internationalen Flüge landen auf dem *Kraków Airport (www.krakowairport.pl)*. Er wird angeflogen von der polnischen Fluggesellschaft LOT *(www.lot.com)*, von German Wings *(www.germanwings.com)*, Airberlin *(www.airberlin.com)*,

PRAKTISCHE HINWEISE

Easyjet *(www.easyjet.com)*, Lufthansa *(www.lufthansa.com)* und Austrian Airlines *(www.aua.com)*.

Vom Flughafen nehmen Sie entweder die Busse 292 oder 208, beide fahren bis zum Hauptbahnhof (2,60 Pln), oder den Zug, der Sie direkt zum Hauptbahnhof bringt. Vom Flughafen (200 m Entfernung) fährt ein Shuttlebus zur Station, die Fahrkarte kostet 8 Pln. Der Zug fährt alle 30 Minuten, die Fahrt zum Hauptbahnhof dauert 16 Minuten. Das Taxi ins Zentrum kostet ca. 55 Pln.

AUSKUNFT VOR DER REISE

POLNISCHES INFORMATIONSZENTRUM FÜR TOURISTIK

Kurfürstendamm 71 | 10709 Berlin | Tel. 030/210 09 20 | www.polen.travel/de

AUSKUNFT IN KRAKAU

Im Zentrum gibt es viele städtische Infostellen *(informacja)*, aber auch viele private Infopunkte. Bei den meisten können Sie auch Führungen und Ausflüge, etwa nach Zakopane, Wieliczka oder Auschwitz, buchen und Karten für Konzerte kaufen. In der *ul. Jana 2* [108 B3] bekommen Sie auch das *Karnet-Magazin*, eine Broschüre, die jeden Monat erscheint und alle wichtigen Informationen und aktuellen Events in Polnisch und Englisch auflistet. Weitere Infostellen finden Sie an folgenden Adressen: *Wieża Ratuszowa, Rynek główny 1 (Rathausturm)* [108 B3]; *Małopolskie Centrum Informacji Turystycznej, Rynek Główny 1/3 (Tuchhallen)* [108 B3] | *www.mcit.pl*

AUTO

Auf Autobahnen sind 130 km/h erlaubt, innerhalb von bebautem Gebiet (weiße Schilder) und Ortschaften (grüne Schilder) 50 km/h, von 23 bis 6 Uhr 60 km/h. Häufige Geschwindigkeitskontrollen! Am Tag ist eingeschaltetes Abblendlicht Pflicht, eine Warnweste muss in den Kofferraum.

BANKEN & WECHSELSTUBEN

In Krakau gibt es Filialen aller größeren Banken *(im Allgemeinen: Mo–Fr 7.30–17, Sa 7.30–14 Uhr)* und privat betriebene Wechselstuben, *kantor (tgl. 9–19 Uhr)*. Viel einfacher ist es, an den zahlreich in der Stadt verteilten Geldautomaten mit Ihrer EC- und Kreditkarte Bargeld ziehen.

DIPLOMATISCHE VERTRETUNGEN

GENERALKONSULAT DER BUNDESREPUBLIK DEUTSCHLAND

Mo–Fr 9–12 Uhr | ul. Stolarska 7 | 31-043 Kraków | Tel. 012/424 30 00 | www.krakau.diplo.de

ÖSTERREICHISCHES GENERALKONSULAT

Mo–Fr 9–12 Uhr | ul. Napoleona Cybulskiego | 31-117 Kraków | Tel. 012/421 97 66 | www.eaustria.pl

SCHWEIZER BOTSCHAFT
Mo–Fr 9–12 Uhr | al. Ujazdowskie 27 | 00540 Warszawa | Tel. 022/ 628 04 81 | www.eda.admin.ch

EINREISE

Für EU-Bürger und Schweizer reicht der Personalausweis.

GELD & KREDITKARTEN

Die polnische Währung heißt *złoty (1 złoty = 100 groszy)*. Manchmal können Sie in Euro bezahlen, akzeptiert werden aber nur Scheine, das Restgeld bekommen Sie in *złoty*.

GESUNDHEIT

Es gelten die Bedingungen wie für alle EU-Länder. Die Europäische Krankenversicherungskarte garantiert für gesetzlich Versicherte die Behandlung, die Kosten werden zu den Sätzen des Heimatlandes zurückerstattet (Quittungen!). Für weitergehende Leistungen ist eine Reisekrankenversicherung nötig.

INTERNET

www.krakow.pl ist die offizielle Infoseite der Stadt mit aktuellem Veranstaltungskalender. Die umfangreiche Seite *www.cracow-life.com* bietet alle notwendigen Informationen, ähnlich aufgebaut ist *www.cracowonline.com*. Hotels finden sich unter *www.krakow-hotel-guide.com*, Apartments unter *www.krakow-apartments.com*.

INTERNETCAFÉS & WLAN

In Krakau gibt es zwei WLAN-Zonen: am Marktplatz [108 B3] und in Kazimierzin der ul. Szeroka [112 C3]. Viele Cafés bieten kabellosen Internetzugang, in der Stadt gibt es jede Menge Internetcafés. Eine Stunde surfen kostet 2–4 Pln. Im Zentrum: *Cornet* [108 B3–4] *(ul. Gołębia 4), Planet* [108 B3] *(Rynek Główny 24),*

> BLOGS & PODCASTS

Gute Tagebücher und Files im Internet

> *www.krakowpost.com* – Aktuelle Artikel über das Stadtleben und seine Freuden und Probleme. Unter „columns" und „forum" tauschen Krakauer ihre Erfahrungen aus

> *http://krakowski.blox.pl* – „Krakau Tag für Tag": interessante Fotos der Stadt mit kurzen Kommentaren – prima für einen ersten Eindruck

> *www.krakow-info.com/1blog.htm* – Aktuelle Tipps und Hinweise von Krakauern und Reisenden (nur auf Englisch)

> *www.schaetze-der-welt.de* – Dokumentarfilm über Krakau und seine Altstadt. Auch Filme über Auschwitz und das Salzbergwerk von Wieliczka

> *http://en.karnet.krakow.pl* – Informationen über das kulturelle Leben der Stadt, jede Menge Empfehlungen und Rezensionen

> *http://uwevonseltmann.wordpress.com* – Blog des deutschen Journalisten Uwe von Seltmann, der in Krakau lebt. Viele Beiträge zum jüdischen Leben

Für den Inhalt der Blogs & Podcasts übernimmt die MARCO POLO Redaktion keine Verantwortung.

Klub internetowy Szewska [108 B3] *(ul. Szewska 21), Internetcafé Bracka* [108 B3] *(ul. Bracka 3–5).*

NOTRUF

Polizei *Tel. 997,* Feuerwehr *Tel. 998,* Krankenwagen *Tel. 999*

ÖFFENTLICHE VERKEHRSMITTEL

Am schnellsten und billigsten sind Sie in Krakau mit Bussen und Straßenbahnen unterwegs, die meist bis gegen 23 Uhr fahren. Eine Fahrkarte *(bilet autobusowy)* kostet 2,50 Pln (3 Pln beim Schaffner). Die Tickets gibt's am Automaten oder in manchen *trafik,* Kiosken, die Zeitungen, Zigaretten und Getränke anbieten. Im Zentrum sind zwei Kartenkioske: *ul. Podwale 3/5* [108 A3] und *ul. Mogilska 15a* [U C3] *(beide Mo–Fr 7–19 Uhr).* Eine Fahrkarte gilt für eine Fahrt, wenn Sie umsteigen, müssen Sie eine neue entwerten. In diesem Fall bietet sich das Stundenticket mit Umsteigeberechtigung an *(3,10 Pln).* Außerdem erhältlich: 24-, 48- und 72-Stunden-Tickets *(10,40 Pln, 18,80 Pln und 25 Pln)* sowie Wochenkarten *(38 Pln).*

ÖFFNUNGSZEITEN

In Polen gibt es kein Ladenschlussgesetz, daher sind die meisten Geschäfte von Montag bis Freitag von 10 bis 18 Uhr geöffnet, am Wochende meist bis 15 Uhr. Im Zentrum gibt es allerdings Lebensmittelgeschäfte, die bis 22 Uhr oder rund um die Uhr geöffnet haben. Große Einkaufszentren und Ketten sind wochentags bis 22 Uhr und am Wochenende bis 20 Uhr göffnet.

POST

Briefmarken und Umschläge kaufen Sie bei der Post *(poczta).* Am zentralsten gelegen sind das *Postamt am Plac Wszystkich Świętych 9* [108 B4] *(Mo–Fr 8–18 Uhr)* und das *Hauptpostamt* [108 C4] *(Mo–Fr 7.30–20.30, Sa 8–14 Uhr | ul. Westerplatte 20),* rund um die Uhr ist das *Postamt ul. Lubicz 4* [109 D2] *(in der Nähe des Bahnhofs)* geöffnet. Postkarte und Brief bis 100 g: europaweit 3 Pln.

RADFAHREN

In Krakau gibt es insgesamt nur 30 km markierte Radfahrwege. Am schönsten und sichersten fahren Sie an der Weichsel entlang (bis nach Tyniec oder Nowa Huta), in Błonia, den Planty und im Las Wolski (Wolski-Wald). Leihfahrräder kosten durchschnittlich 30 bis 35 Pln/Tag.

Fahrradverleih: Am zentralsten liegt *Rent a bike* [108 B3] *(Mai–Okt. tgl. 9 Uhr bis zur Dämmerung | ul św. Anny 4),* in Kazimierz finden Sie *Dwa koła* [112 B4] *(Mai–Okt. tgl. 9–19*

> WAS KOSTET WIE VIEL?

> **BIER**	**AB 2,50 EURO** für 0,5 l im Restaurant
> **CAPPUCCINO**	**AB 2 EURO** für eine Tasse im Café
> **PIZZA**	**AB 6,50 EURO** im Restaurant
> **KINO**	**AB 3,80 EURO** für eine Karte
> **MUSEUM**	**AB 1,30 EURO** für eine Person
> **BUS**	**AB 0,60 EURO** für eine Fahrt

Uhr | ul. Józefa 5); Art-Bike [112 B1] *(tgl. | 30–50 Pln, bzw. 5 Pln/Std. | ul. Starowiślna 33a).*

WÄHRUNGSRECHNER

€	PLN	PLN	€
1	3,90	1	0,26
3	11,60	5	1,30
5	19,30	20	5,20
7	27,00	30	7,75
9	34,80	70	18,00
20	78,00	150	38,80
70	270,70	250	64,60
80	312,00	700	181,00
150	580,10	900	232,70

SICHERHEIT

Krakau gehört zu den sichersten Städten in Polen, normale Vorsichtsmaßnahmen reichen. Nachts in der Innenstadt ist es sicher, Stadtteile wie Nowa Huta oder Podgórze sollten Sie in der Dunkelheit eher meiden.

STADTRUNDFAHRTEN & SPAZIERGÄNGE

Treffpunkt für *Stadtspaziergänge* ist der pl. Mariacki 3 [108 C3] (hier bekommen Sie auch die Karten). Führungen auf Deutsch am Mittwoch, Freitag und Samstag. Die Spaziergänge sind aufgeteilt: 9–13 Uhr Innenstadt, am Nachmittag Kazimierz. *50 Pln/Person | Tel. 012/431 16 78*

Auf einer Bustour können Sie die Stadt von einem Doppeldeckerbus aus bewundern *(Einstieg Wawel am Hotel Royal)*. Der Bus hält an mehreren Stationen, die Fahrkarte gilt für den ganzen Tag. *36 Pln/Person | Tickets pl. Mariacki 3.*

Die *Kommunistische Tour* lässt die Geschichte der jeweiligen Stadtteile von 1945 bis 1989 Revue passieren *(2,5 Stunden 130 Pln/Person)*, die beliebteste Tour *(4 Stunden)* mit Lunch, einem Glas Wodka, Vorführung eines Propagandafilms und Besuch einer im Stil der damaligen Zeit eingerichteten Wohnung kostet 170 Pln pro Person. *www.crazyguides.pl*

Kutschen für 4–5 Gäste halten am Hauptmarktplatz und in der ul. Kanonicza *(30 Min. Marktplatz bis Wawel | 150 Pln)*. In Krakau dürfen offiziell nur lizenzierte Fremdenführer *Stadt-*

WETTER IN KRAKAU

	Jan.	Feb.	März	April	Mai	Juni	Juli	Aug.	Sept.	Okt.	Nov.	Dez.
Tagestemperaturen in °C	-1	2	7	14	19	22	24	24	20	13	7	2
Nachttemperaturen in °C	-6	-5	-1	4	9	12	15	14	10	5	1	-3
Sonnenschein Std./Tag	1	2	3	5	6	7	7	6	5	3	2	1
Niederschlag Tage/Monat	8	7	8	8	11	12	10	9	8	8	9	10

führungen anbieten. Buchung unter: *Marco der Pole Reisebüro (www.krakau-reisen.com* oder *www.marcoderpole.com)*. Ausgefallene thematische Führungen bietet *www.insiders.pl*.

STROM

220 Volt Wechselstrom, Adapter für den Stecker sind nicht nötig.

TAXIS

Taxifahren ist ziemlich günstig. Im Zentrum gibt es mehrere Taxistände, ansonsten können Sie per Handy einen Wagen rufen. Üblich sind eingeschaltete Taxameter: Beim Einsteigen zeigt es meistens 5 Pln an, dann kostet jeder Kilometer abhängig vom Tarif (Wochen-/Feiertag-, Tag-/Nachttarif) ab 3 Pln. *Funktaxis z. B. Tel. 91 91, 96 22, 96 88, 422 22 22.*

TELEFON & HANDY

Vorwahl nach Deutschland: 0049; Österreich 0043, in die Schweiz 0041. Vorwahl nach Polen: 0048, dann die Krakauer Stadtvorwahl 12 plus die Anschlussnummer. Auch bei Anrufen innerhalb Krakaus (und Polens) müssen Sie die Stadtvorwahl mitwählen, aber mit einer Null: 012.

Die meisten öffentlichen Telefone sind Kartentelefone, Karten gibt es bei der Post und in den Tabaktrafiken. Eine polnische Prepaid-Sim-Karte (*karta sim*, bei der Post, im *trafik* oder in manchen Buchläden) ist die günstigste Lösung, aber nur, wenn Sie ein Telefon ohne SIM-Lock haben. Falls Sie eine polnische Sim-Karte kaufen, wählen Sie für das Festnetz 012 plus die Anschlussnummer oder nur die Handynummer. Bei deutschem Handy gilt die Vorwahl 004812.

Elegante Entspannung: Café Loza

TRINKGELD

Da Trinkgeld nicht inbegriffen ist, wird die Rechnung aufgerundet. In besseren Lokalen sind 10 Prozent des Rechnungsbetrags üblich.

ZEITUNGEN

In manchen Hotels können Sie internationale Tageszeitungen und Magazine bekommen, ansonsten in der Buchhandlung *Empik* am Marktplatz *(tgl. 9–22 Uhr | Rynek Główny 5).*

ZOLL

Waren für den Eigenverbrauch dürfen in der EU frei ein- und ausgeführt werden. Schweizer können zollfrei bis zu folgenden Obergrenzen einkaufen: 200 Zigaretten und 1 l Alkohol. Für die Ausfuhr von Antiquitäten, die vor dem 9. Mai 1945 hergestellt wurden, ist eine Genehmigung des polnischen Kulturministeriums nötig. *www.zoll.de*

> CZY MÓWISZ PO POLSKU?

„Sprichst du Polnisch?" Dieser Sprachführer hilft Ihnen, die wichtigsten Wörter und Sätze auf Polnisch zu sagen

Aussprache

Zur Erleichterung der Aussprache sind alle polnischen Wörter mit einer einfachen Aussprache (in eckigen Klammern) versehen. In mehrsilbigen Wörtern wird die vorletzte Silbe betont.

Polnische Phonetik:

a = immer kurz	ó = u
ą = on (nasal) wie im Französischen	rz = französisches j in „Journal"
c = z wie in „Zeit" (nie wie k)	s = immer scharf
é = en (nasal) wie Französisch („in...")	ś = sj
ł = etwa wie englisches w	sz = sch
ń = nj wie in „Champagner"	ż = rz = französisches j

AUF EINEN BLICK

Ja./Nein./Vielleicht.	Tak. [tak]/Nie. [njä]/Może. [moschä]
Bitte./Danke.	Proszę. [proschä]/Dziękuję. [dschänkujä]
Gern geschehen.	Zrobiłem/zrobiłam to z przyjemnością. [sroobieuäm/srobiewam to spschejämnoschtschon]
Entschuldigung!	Przepraszam! [pschäprascham]
Wie bitte?	Słucham? [swucham]
Ich verstehe Sie nicht.	Nie rozumiem pana/pani. [njä roosumjäm pana/pani]
Können Sie mir bitte helfen?	Czy może mi pan/pani pomóc? [tsche moschä mie pan/pani pomuz]
Ich möchte …	Chciałbym/Chciałabym … [chtschaubem/chtschauabem]
Das gefällt mir (nicht).	To mi się (nie) podoba. [to mie sche (njä) poddobba]
Haben Sie …?	Czy ma pan/pani …? [tsche ma pan/pani]
Wie viel kostet es?	Ile to kosztuje? [ielä to koschtujä]
Wie viel Uhr ist es?	Która godzina? [ktura godschiena]

KENNENLERNEN

Guten Morgen/Tag!	Dzień dobry! [dschen dobre]
Guten Abend!	Dobry wieczór! [dobre wjätschur]
Hallo!/Grüß dich!	Cześć!/Witam! [tschäschtsch/wietam]
Wie heißt du?	Jak się nazywasz? [jak sche nasewasch]

SPRACHFÜHRER POLNISCH

Wie geht es Ihnen?	Jak się panu/pani powodzi? [jak sche panu/pani powodschie]
Danke. Und Ihnen?	Dziękuję. [dsjänkujä] A panu/pani? [a panu/pani]
Auf Wiedersehen!	Do widzenia! [do wiedsänja]
Bis morgen!	Do jutra! [do jutra]
Gute Nacht!	Dobranoc! [dobranoz]
Tschüss!	Cześć!/Serwus! [tschäschtsch/särwus]

UNTERWEGS

AUSKUNFT

links	na lewo [na lewo]
rechts	na prawo [na prawo]
geradeaus	prosto [prossto]
nah/weit	blisko [bliesko]/daleko [daläko]
Bitte, wo ist …?	Przepraszam, gdzie jest …? [pschäprascham, gdschjä jäst]
Bahnhof	dworzec [dwoschez]/kolejowy [koläjowe]
Bus	autobus [autobus]
Wie weit ist das?	Jak to jest daleko? [jak to jäst daläko]

PANNE

Ich habe eine Panne.	Mam awarię samochodu. [mam awarjä samochodu]
Würden Sie mich bis zur nächsten Werkstatt abschleppen?	Odholowałby mnie pan/odholowałaby mnie pani do najbliższego warsztatu? [otcholowaube mnjä pan/otcholowaube mnjä pani do najblieschschägo warschtatu]
Wo ist hier in der Nähe eine Werkstatt?	Gdzie jest tu w pobliżu warsztat samochodowy? [gdschjä jäst tu fpobliesсhu warschtat samochodowe]

TANKSTELLE

Wo ist bitte die nächste Tankstelle?	Przepraszam, gdzie jest najbliższa stacja benzynowa? [pschäprascham, gdschjä jäst najblieschscha stazja bänsinowwa]
Ich möchte … Liter	Chciałbym/chciałabym … litrów [chtschjaubem/chtschjauabem ... lietruf]
… Normalbenzin.	… benzyny niskooktanowej. [bänsene niesko oktanowäj]

… Super/Diesel.	… wysokooktanowej/ropy. [wisoko oktanowäj/roppi]
Voll tanken, bitte.	Proszę do pełna. [proschä do päuna]

UNFALL

Hilfe!	Ratunku! [ratunku]
Rufen Sie bitte schnell …	Proszę wezwać szybko … [proschä wäswatsch schipko]
… einen Krankenwagen.	… karetkę pogotowia. [karätkä pogotowja]
… die Polizei.	… policję. [polietzjä]
… die Feuerwehr.	… straż pożarną. [strasch poscharnom]
Es war Ihre Schuld.	To była pana/pani wina. [to biua pana/pani wiena]
Geben Sie mir bitte Namen und Ihre Anschrift.	Proszę mi podać pana/pani nazwisko Ihren i adres. [proschä mie podatsch pana/panie naswiesko ie adräs]

ESSEN/UNTERHALTUNG

Wo gibt es hier …	Gdzie jest tu w pobliżu … [gdschjä jäst tu fpoblieschu]
… ein gutes Restaurant?	… dobra restauracja? [dobra rästaurazja]
… ein nicht zu teures Restaurant?	… niezbyt droga restauracja? [njäsbet droga rästaurazja]
Gibt es hier eine gemütliche Kneipe?	Czy jest tu jakaś miła knajpa? [tsche jäst tu jakasch mieua knajpa]
Reservieren Sie uns bitte für heute Abend einen Tisch für vier Personen.	Proszę zarezerwować dla nas na dziś wieczór stolik na cztery osoby. [proschä saräserwowatsch dla nas na dschiesch wjätschur stoliek na tschtäre osobe]
Auf Ihr Wohl!	Pana/pani zdrowie! [pana/pani sdroowjä]
Bezahlen, bitte.	Mogę zapłacić? [mogä sapuatschietsch]
Hat es geschmeckt?	Smakowało? [smakowauo]
Das Essen war ausgezeichnet.	Jedzenie było znakomite. [jädsänjä biuo snakomietä]

ÜBERNACHTUNG

Können Sie mir bitte … empfehlen?	Może mi pan/pani polecić … [moschä mie pan/pani polätschietsch]
… ein gutes Hotel…	… dobry hotel? [dobre hotäl]
… eine Pension…	… pensjonat? [pänsjonat]
Haben Sie noch Zimmer frei?	Czy ma pan/pani jeszcze wolne pokoje? [tsche ma pan/pani jäschtschä wolnä pokojä]
ein Einzelzimmer	pokój jednoosobowy [pokuj jädno osobowe]
ein Zweibettzimmer	pokój dwuosobowy [pokuj dwuosobowe]

mit Bad	z łazienką [suasiänkom]
mit Dusche	z prysznicem [sprischnietzäm]
für eine Nacht	na jedną noc [na jädnom notz]
für eine Woche	na tydzień [na tidsiänj]
Was kostet das Zimmer mit …	Ile kosztuje pokój … [ilä koschtujä pokuj]
… Frühstück?	… ze śniadaniem? [sä schnjadanjäm]
… Halbpension?	… ze śniadaniem i kolacją? [sä schnjadanjäm i kolazjom]
… Vollpension?	… z całodziennym wyżywieniem? [s zauodsännim wischiwjänjem]
Kann ich das Zimmer ansehen?	Mogę ten pokój obejrzeć? [mogä tän pokuj obäjschätsch]

PRAKTISCHE INFORMATIONEN

ARZT

Können Sie mir einen guten Arzt empfehlen?	Czy może mi pan/pani polecić dobrego lekarza? [tsche moschä mie pan/pani polätschitsch dobrägo läkascha]
Ich habe hier Schmerzen.	Tu mnie boli. [tu mnjä bolie]

BANK

Wo ist hier bitte …	Gdzie tu jest … [gdschjä tu jäst ...]
… eine Bank?	… bank? [bank]
… eine Wechselstube?	… kantor (wymiany walut)? [kantorr (wimjane walut)]
Ich möchte … Euro (Schweizer Franken) in Złoty wechseln.	Chciałbym/fChciałabym wymienić … euro niemieckich (franków szwajcarskich) na złotówki. chtschjauabem/chtschjauabem wimjänietsch ... äuro njämjäzkiech (frankuf schweizarskiech) na suotufkie]

POST

Was kostet …	Ile kosztuje … [ilä koschtujä]
… ein Brief …	… list … [licst]
… eine Postkarte …	… pocztówka … [potschtufka]

ZAHLEN

1	jeden [jädän]	8	osiem [osjchjäm]
2	dwa [dwa]	9	dziewięć [dschjäwjäntsch]
3	trzy [tsche]	10	dziesięć [dschjäschentsch]
4	cztery [tschtäre]	100	sto [stoh]
5	pięć [pjäntsch]	1000	tysiąc [tischjonz]
6	sześć [schäschtsch]	1/2	jedna druga [jädna druga]
7	siedem [schedäm]	1/4	jedna czwarta [jädna tschfarta]

Altstadt mit Wawel

> UNTERWEGS IN KRAKAU

Die Seiteneinteilung für den Reiseatlas finden Sie auf dem hinteren Umschlag dieses Reiseführers

CITY ATLAS

105

A
B
C
1
2
3
4
5
6
Królewska
4, 8, 13, 14, 38
Muzeum Historyczne Miasta Krakowa (Dom Śląski)
Muzeum Historii Fotografii
NOWA WIEŚ
Juliusza Lea
Stanisława Konarskiego
Józefitów
Pomorska
Plac Invalidów
Łobzowska
Polskie Radio "Kraków"
Starostwo Powiatowe
Teofila Lenartowicza
Henryka Sienkiewicza
Al. Juliusza Słowackiego
Fryderyka Chopina
Mieczysława Karłowicza
Symfoniczna
Karola Szymanowskiego
Park Krakowski
Al. Adama Mickiewicza
Karmelicka
Tadeusza Pawlikowskiego
Ambrożego Grabowskiego
Jana Kochanowskiego
Czarnowiejska
Piotra Michałowskiego
Akademia Górniczo-Hutnicza
Muzeum Historii i Techniki Akademii Górniczo Hutniczej
Akademia Rolnicza
Władysława Reymonta
Dolnych Młynów
Józefa Szujskiego
Uniwersytet Jagielloński
Cyszta
Plac ks. Mieczysława Kuznowicza
Teatr Groteska
Skarbowa
Szpital im. J. Dietla
Dom Józefa Mehoffera
Oleandry
Muzeum Antropologiczne UJ
Pomnik I. Paderewskiego
Krupnicza
Österreich
Norwegen
Studencka
Romana
Ingardena
Wenecja
Napoleona Cybulskiego
Garncarska
Plac gen. Władysława Sikorskiego
Centrum Onkologii im. M. Skłodowskiej-Curie
Kadrówki
Humberta
Muzeum Narodowe (Nationalmuseum)
Al. Zygmunta Krasińskiego
Kościół Sercanek (Heiliges Herz)
15, 18
Pomnik Stanisława Wyspiańskiego
Al 3 Maja
marsz. Józ
Al. marsz. Ferdinanda Focha
Retoryka
200 m
110
Kałuży
Smoleńsk
Kościół Miłosierdzia Bożego